現代アイルランド演劇入門

「現実と喜び」のドラマ

前波清一◉著

彩流社

はしがき

「舞台には現実がなければならないし、喜びもなければばならない」――これはアイルランド演劇の第一人者シングが、代表作『西の国のプレイボーイ』の序文に用いている言葉である。

「現実と喜び」は、あらゆる演劇に不可欠の要素であろうが、アイルランド演劇によく当てはまると考えられる。

「現実」は、イギリスによる植民地化と併合、長年のナショナリズム運動による独立、近年の北アイルランド紛争などに明瞭であるだけでなく、宗教や移民や性の問題まで、さまざまな「現実」を抱える国の演劇として、当然である。

「喜び」は、喜劇を得意とする演劇の笑いと言葉に顕著である。一八世紀のイギリス演劇を担ったゴールドスミスやシェリダンにまで溯らなくても、日本にも馴染みのワイルドとショオが、独特の喜劇でロンドンの観客を笑わせたように、「喜び」はアイルランド演劇の特徴である。

現代アイルランド演劇のスタート点をどこにするかという問題があるが、一九世紀末の演劇運動を、いきなり現代に突入させたイェイツやシングから始めるのが無難だろう。

現代アイルランドとその演劇を一般読者に紹介しようとする本書は、まず第一部で「現代アイルランド演劇の名作一〇選」を扱う。幾多ある作品群から選択するのはむずかしく、また選ぶ人によって異なるのは当然であるが、年代順に一人一作で傑作を選ぶ。作品の解説をしたあと、作家の概説を行う。

第二部「現代アイルランド演劇の特性一〇項」は、演劇を介して現代アイルランドを解説するために、トピックを一〇項選び（関連性で五項にまとめ）それぞれ二作品で具体的に考察する。

アイルランド演劇は日本と縁があり、能がイェイツらに影響を与えた反面、シングだけでも、坪内逍遙や菊池寛から真船豊や木下順二まで共鳴を示す。

ベケットの頻繁な上演は言うまでもなく、近年はマクドナーやマクファーソンなどの新作の上演や、『リヴァーダンス』のような新手のパフォーマンスの来演がある。

だからアイルランド演劇は「われらが同時代の」演劇であり、その概観は有意義であると信じる。

そして国土も人口も小さい、ヨーロッパ極西のアイルランドが、小さくも遠くもない国と国民であることの理解に役立てば幸いである。

付記　本文中の「　」は、作品または作者の言及からの引用を表し、「　」（人名）は、研究者の評言である。

現代アイルランド演劇入門

目次

第2部　現代アイルランド演劇の特性一〇項

◆第1部　現代アイルランド演劇の名作一〇選◆

1．イェイツ『煉獄』

時勢に取り残されていく貴族地主階級の退廃と没落、そのシンボルとしての屋敷の衰亡は、イプセンやチェーホフなど、ヨーロッパ近代劇の巨匠たちが大きなテーマとした。

イギリスの植民地であったアイルランドでは、その政治的経済的コンテクストも、社会的宗教的意味合いも異なって、歴史の虚構化とも見なされるが、イギリスから移住してきた豊かなプロテスタント支配階級の屋敷は、土着の貧しいカトリック小作人の小屋と違い、激しく変動する近・現代史で、その凋落が著しい。

エッジワースの『ラックレントの館』以来、屋敷小説の伝統があるアイルランドで、屋敷劇の構想は不自然でなく、最晩年のイェイツは、支配の座を譲った「少数派」の危機感と、独立アイルランドの現状への幻滅と憤りから、『煉獄』を創作する。

『煉獄』（一九三八、アベイ劇場）は、W・B・イェイツ（一八六五―一九三九）の思想を集大成する思想劇である。イギリスによる植民地支配から、ようやく政治的独立を達成したアイルランドは、カトリック教とゲール主義の勢威、中産階級の台頭と実利主義の支配で、イェイツの目指した文化の統一は達成されない。

長年の目標と努力が裏切られたと考えるイェイツは、一八世紀のアングロ・アイリッシュ優位体制の礼賛と理想化に向かう。農民や民衆には地主の専横やイギリス支配の痕跡でしかない屋敷が、イェイツには伝統と文化、秩序と平安のシンボルになる。

自らはプロテスタント上流階級に属するわけではないが、「アングロ・アイリッシュとしての孤独」を痛感し、盟友グレゴリー夫人の邸宅や、紛争と内戦で破壊された多くの屋敷と関連して、イェイツ後期の詩で詠われる、現代史の主題であり、屋敷はその思想的立場のイメージとなる。

『煉獄』の冒頭、焼け落ちた一軒の屋敷と立ち枯れの木一本だけの荒涼とした舞台に、「老人」と息子の「少年」がやってくる。行商の荷を担がせられ、不平たらたらの少年に、老人は「あの家をよく見ろ」「あの木をよく見ろ」と命じる。

落雷で引き裂かれ、花も実もつけない裸の木を、少年が「馬鹿な老人」にたとえると、老人は「床はなくなり、窓もなく／屋根があるはずのところに空が見える」廃屋を説明して、それが老人の母親の屋敷で、身分違いの使用人の馬丁に一目惚れして結婚した母親が、ここで自分を産んで死に、酒と女と博打で財産を食いつぶした父親が、屋敷に火を放ったことを明かす。

由緒ある名家の令嬢が愛欲のために、平凡な馬丁に恋する身分違いの結婚が、何よりも老人には過ちである。プロテスタント支配階級の屋敷を焼失させる根本原因が、貴族の令嬢と馬丁、アングロ・アイリッシュとカトリック・ゲールという、種族・身分・宗教の相違を無視した、血を汚す結婚にあるという非難は、晩年のイェイツの強烈な階級意識からくるだけでなく、すでに二〇年前にも、「たった一つの間違った選択が、一家を滅ぼし、その伝統や生物学的な力を消滅させるかもしれない」と述べている思想で、「焼け落ちた古い屋敷」は、母親の悲劇や老人の荒涼とした心象風景だけでなく、現代アイルランドの精神的風土の象徴にもなる。

「偉い人が育ち、結婚し、死んでいった家をつぶすのは／極刑に価する罪だ」と断ずる老人は、廃屋の元の姿を述懐する。

この家で、偉い人たちが生き、死んだ。
行政長官や陸軍大佐や国会議員、
海軍大佐や総督もいた。むかし
オーリムやボイン川で戦った者もいた。
政府の仕事でロンドンやインドに行って
帰ってきて死んだ者や、
毎年春にロンドンからやってきて、
この庭のサンザシの花を見た者もいた。

屋敷に対する老人の思い入れは、その住人の貴族的伝統と文化への肯定的見方に裏付けられ、成り上がりの放蕩者にすぎない父親が火を付けたことへの憤りには、一つの時代と階級と文化を象徴する屋敷を無視し破壊する、現代アイルランドへのイェイツの幻滅と嫌悪が見られる。

民衆や民主主義に対する軽侮と重なる『煉獄』は、政治的メッセージをもつアレゴリー劇になる。エリートによる寡頭政治や優生学による現状打破の反動思想さえうかがわせて、ファシズム志向として非難されても仕方のない側面である。

酔った父親が火を付けて、屋敷が焼け落ちる中で、当時一六歳の老人が、「奴をナイフで刺した／今めしに使っているナイフだ／そのあと奴を火の中に放置した」、そしてそのまま逃走して行商人になり、鋳掛屋の娘を孕ませて「少年」が生まれたことを語る。

そこにアイルランドの歴史のアレゴリーを見出す説がある（D・R・ピアスなど）。創作年から逆算して、アイルランド・ナショナリズムの英雄パーネルの死と、屋敷の焼失を関連させ、今一六歳の少年が生まれたのは、アイルランド自由国の成立と重なり、また一六歳を何度も繰り返すのは、一九一六年イースター蜂起と自由国一六周年という、時代と政治に対するイェイツの思想が表明されているという読みである。

その当否はともかく、また鑑賞にその解読が不可欠でもないが、一家の興亡にアイルランド史が自然に重なって、「イェイツ劇の中で『煉獄』を特徴づけるのは、原型的な家族のドラマと特別な文化の分析の重ね方にある」（J・R・ムア）と言えよう。

老人は、今夜は父母が結婚し、自分が孕まれた記念日であると話し、当日がまざまざと蘇る。冒頭から家の中に誰かいると語る老人の心眼には、煉獄の若い母親が見える。亡霊の出没は、荒廃した屋敷に付きもので、罪や疎外のイメージともなるが、老人は死者の霊魂が苦悩を繰り返す煉獄について、イェイツのオカルト思想、「この世とあの世についての信念」を述べる。

元の住まいやなじみの場所に
煉獄の魂は戻ってくる。
一度でなく何度も
自分の過ちを繰り返す。
ついには過ちの結果を知る、
他人への過ちにしろ自分へにしろ。
他人へなら、相手の手助けもあろう、
結果のつまるところ、夢も尽きるはずだ。
自分へなら、救われるのは
自分に頼るか神様のお慈悲だけだ。

煉獄の母親は、一族の零落の原罪である馬丁との快楽の喜びと汚濁の罪を、贖いの意識で繰り返さなければならない。呑み屋から戻る酔っぱらった馬丁の馬の蹄の音が聞こえ、愛欲で待ち構える母親が夫を連れこむ、明りのついた窓が見える。そして馬丁はベッドで母親に「老人」を孕ませる。

しかし亡霊は老人に見え、聞こえるだけで、少年には老人の狂気の幻にしか思えない。女と金を手にした祖父、屋敷で育った父を羨むだけの、正邪の観念もない少年は、老人の様子から、この機会に金を奪って逃げようとして、老人と争う。

老人には、母親と祖母から受け継いだ教養と感性と、父親ゆずりの体力と粗野な性格が混じり、それは教養のかけらや命令口調に見え隠れするが、その分裂で今や狂気の縁にいる。父と祖父の堕落を備える「新しい個人主義的な世代」の少年は、無知と物欲で、老人への嫌悪と怒りをあらわにする。

二人が争って金が散乱し、少年が老人を殺そうとする間に、再び窓の明りがともる。死ぬ直前の少年も、今度は窓の「死んで、生きている、殺された男」のシルエットが見えて怯える。

悲劇の根源とする身分違いの関係を、自らも犯した老人は、少年が同じように、娘をひっかけて「汚れ」を後世に伝えることを恐れる。そして発端の初夜を繰り返さなければならない母親の霊魂を、煉獄の苦しみから解放できると考えて、父親を刺したナイフで息子を刺す。不釣合いな結婚による因果の連鎖を、母親に恥辱と罪意識をもたらす家系を、断つという愛憎の念からであり、老人のいわば自分殺しにもなる。

「舞台暗転して、木だけが白い明りの中に立つ」のを見て、老人には枯木が母親の「浄められた魂」のように思えるが、すぐに馬の蹄の音が再び聞こえて、母親が煉獄の「夢の回想」を終わらせられないことを悟り、救済の願望は一瞬にして失敗の恐怖に転ずる。

「二度殺しても、みんな無駄」と悟らされ、自らが生まれることで結果的に母親を死なせて、三度の人殺しをしたことになる。その殺しをジョークにする、無神経ないし狂気の老人は、タブーの親殺し、子殺しの恐怖よりも、身分を裏切った母親の煉獄の苦悩にこだわる。

死者として、一家の悲劇をすべて知る母親は、その根源にある、馬丁との快楽の「過ち」の記憶から逃れられない。老人の過激な「手助け」は、かえって「汚れ」を増し、母親の苦悩を深める。

結局『煉獄』で、屋敷は煉獄のイメージであり、母親と老人と少年の三代の煉獄である。母親が「過ち」を繰り返すのか、それを老人が繰り返し回想するのか、どちらか定かでなく、また両方が不可分でもある。自分が孕まれた日を呪う老人は、母の「過ち」を責めると同時に、屋敷と家系を滅した自分の罪にも苦しみ、母親の霊魂の浄化と、「生きる者の惨めさと死んだ者の悔恨を鎮める」ように神に祈る幕になる。

しかし、馬の蹄の音が再び聞こえる終幕は、過去の尽きない繰り返しを示唆する。父と子を犠牲にしても、母を鎮めることはできない。母親にしろ老人にしろ、自らを許すことができるまで、煉獄の苦悩は終わらないだろうし、神はむろん沈黙したままである。神への祈りで終わりながら、何の救いも得られず、忘却による平安も、赦しによる再生もない、荒涼とした心象風景である。

ヨーロッパ文明の退廃と崩壊の一端として、流血の動乱に揺れるアイルランドの悲劇を、貴族地主の屋敷の破壊によって象徴させる『煉獄』は、「悲劇は、優れた人物を最終的な喜びに導かないなら、本当の悲劇ではない」というイェイツの最終的信念も裏切って、喜びのない厳しい悲劇になっている。

『煉獄』が、第二次世界大戦の前年に、「悲劇的強烈さの一場面」のヴィジョンから創作されたのは、単なる偶然ではないだろう。しかも代々の罪が重なる悲劇は、イェイツが理想としたギリシア悲劇にも通じる。

筋も人物も台詞も極限まで削ぎ落とした、厳しいスタイルの『煉獄』は、リアル・タイムの現実世界と、永遠に循環する霊魂の世界が同時に展開し、廃屋と裸木の舞台は、老人のイメージから人間世界の荒廃のメタファーにもなる、「表層と象徴的意味が一つ」（Ｒ・テイラー）になった詩劇である。

ほとんど老人のモノローグ劇で、時には日常会話に近づく台詞は、粗野で激しい口語表現でありながら、主として弱強四歩格による、引き締まった簡潔な詩行のリズムで、「詩行が劇に威厳を与えるのか、劇が言葉を詩にするのか、どちらとも言いにくい」（T・S・エリオット）劇詩になっている。

日本の能の影響を示す、簡素な舞台や亡霊との出会い、中心をなすメタファーの緊迫力などによる、「精神の深奥」で演じられる詩劇でありながら、仮面や踊り、音楽やコーラスは用いず、能の様式化にはあまり傾かない。

上演は三〇分たらずで、何よりも時間の凝縮による緊迫した一幕物である。母親が初夜に孕んだ「老人」と、老人がひっかけた娘に生ませた「少年」と、三代にわたる呪われた家族の物語を、現在目の前にする。父親を刺す老人は当時、少年と同じ一六歳で、年老いた今、同じナイフで少年を刺す。

死者の霊魂の世界と、追憶に苦しみ贖罪を夢見る老人の心奥と、少年との現実が、平行して進行する。時間の圧縮と交錯による引き締まった構成による見事な展開で、しかも状況の真実らしさと心理のリアリティをもち、時代のアレゴリーにもなる、イェイツ悲劇の傑作である。

二〇世紀最高の詩人の一人と目されるW・B・イェイツは、ノーベル文学賞受賞の記念講演で、「アイルランドの演劇運動」をテーマとした。演劇不振の国に演劇運動を起こしたのは、ひとえにイェイツの功績である。また「私には劇場が必要で、自分は劇作家であると信じている」と、自らの劇作を重視している。だから、詩人としての高名に遅れをとる、劇作家としての評価が進むのは当然である。

「演劇は戯曲、発話、所作、装置を改革しなければならない。つまり今の演劇に良いところは一つもない」と難じて、ラディカルな改革を唱えるイェイツは、当代の商業演劇のスペクタクルやメロドラマはもちろん、新興の近代劇の「現代風俗劇」や「頭の演劇」にも反発して、「精神の深奥」の表現を重んずる演劇を説く。そして「精彩のない言葉、狭い可能性に押しこめられた動作」のリアリズム劇が、想像と詩、情熱と様式を排除することへの不満から、言葉に主導権を与える、演劇であり文学でもありうる詩劇を主張する。

しかし、農民劇や中流階級劇がアベイ劇場を占める、イェイツにとっての「失望と敗北」の中で、自らの劇作は、ギリシア悲劇や日本の能の影響を受けながら、詩美と象徴と様式を強めていき、次第に上演されなくなる。

ナショナリズム政治の停滞に抗して、文芸復興を図るイェイツ初期の劇は、国民性、民族性を表現するために、日常生活よりも神話、伝承に題材を求め、精神性に重きをおく。

飢餓に喘ぐ農民を見かねて、悪魔に魂を売る『伯爵夫人キャスリーン』が、異端的とされ、ナショナリストの批判を受ける一方で、グレゴリー夫人との合作『キャスリーン・ニ・フーリハン』は、見すぼらしい老婆の呼びかけに応じて、花婿が対英反乱に身を投じる劇で、独立の戦いへのアジテーションになる。

その他、妖精の取り替えっ子伝承によるファンタジー劇『心願の郷』や、霊魂の世界の存在を問う中世劇風の『砂時計』など、伝承への関心や道徳劇への傾向の中で、特にケルト神話の英雄クフーリンを主人公とするサイクル劇を、生涯を通じて創作する。

中でも、一騎討ちを挑んで侵入した若者を、大王への忠誠のため、わが子と知らずに殺害してしまうクフーリンの悲劇、政治と人間性の対立を、盲人と道化のサブプロットとの対照で皮肉る『バーリャの浜辺で』は、代表作の一つである。

本来オカルト思想や東洋への関心が強いイェイツは、フェノロサ＝パウンドの翻訳を通して能の影響を受け、「高貴で暗示的で象徴的な……貴族的演劇形式」による「本物の美の劇場」に感化された『舞踏劇四篇』を創る。

裸舞台、仮面、コーラス、踊り、あるいは超自然の侵入、詩歌のメタファー、主人公の内面など、象徴と様式と凝縮による「精神の深奥」に迫る儀式的な劇群で、現実のイリュージョンを拒む、非リアリズムのトータル・シアターである。

能『養老』にヒントを得た『鷹の泉にて』は、不老不死の霊水を求める若いクフーリンを描き、のちに『鷹姫』として能に逆輸入される。

一九一六年イースター蜂起に加わった漁夫が、一二世紀のノルマン人の侵略を招いた二人の亡霊に導かれて逃走しながら、その原罪を許さない『骨の夢』は、能『錦木』を連想させ、イェイツ劇で最も能に近づきながら、今日性と現実性で緊迫した現代劇でもある。

しかし元々、イェイツ劇への能の影響の得失は微妙で、能を知る前の『デアドラ』は、アルスター伝説の美姫デアドラの悲話の最終局面に的を絞り、簡潔で切迫した一幕物にする。

また、能の影響を脱したあと、リアリズムの手法を取り入れるイェイツは、『窓ガラスの言葉』でスウィフトの不可解な三角関係を扱い、リアリスティックな現代劇でありながら、降霊術の会という設定で、霊魂の「夢の回想」という夢幻能に近い。

これら二〇余篇のイェイツ劇の頂点にくるのが『煉獄』であり、能の様式性は採らないで、人物の感情と心理のリアリズムによる「精神の深奥」のドラマを実現している。

神話伝承の題材、仮面や合唱の祭儀性、凝縮と崇高の劇詩などで、ギリシア悲劇を最高の演劇とするイェイツのドラマツルギーは、ポピュラーな写実劇と喜劇に対するアンチ・シアターである。アイルランド演劇の創始者と認められながら、イェイツは観客から離れ、観客に無視される状況が不可避となり、その前衛性あるいはアナクロニズムをめぐる評価が、今だに大きく分かれるのが実情である。時代の激動、演劇の変貌が、イェイツ評価にどう関わってくるか、むずかしい問いである。

2．シング『西の国のプレイボーイ』

アイルランド演劇運動を一躍世界的レベルに高めたのは、何よりも天才劇作家J・M・シング（一八七一―一九〇九）の登場である。

シングの主題と手法を集大成する『西の国のプレイボーイ』（一九〇七、アベイ劇場）は、着想から上演まで、推敲を重ねて到達した、高度に意識的なスタイルによる複雑な喜劇である。

虚構と現実、言葉と実体というシリアスなテーマを、奔放な想像と荒々しい写実、詩的高揚と冒瀆的風刺の緊張と落差で展開する、グロテスクな劇の本質は、ヒロインの台詞「すてきな話と汚らわしい行いの大きなずれ」に要約される。

「すてきな話」――畑で父親を殺して、遠くに逃れてきた平凡な若者が、酒場で「怯えた」「小声で」その話をすると、「すてきな話」ともてはやされ、たちまち村人の尊敬と村娘の愛情を獲得して、村の「ヒーロー（プレイボーイ）」になる。

荒唐無稽とも言えるストーリーの初演は、劇場の内外で騒動をひき起こすが、アイルランド人の「救いようのない神話作りの天才」（グレゴリー夫人）と、その風刺に満ちた、「狂想的作品」である。

若者クリスティが逃れ着く「メイヨーの荒涼とした海岸の村」は、「大きな世界」から隔絶した「西の国」

の寒村で、貧困と暴力、倦怠と欲求不満があらわな、閉ざされた土地柄である。

精神も肉体も無能な男たちは、刺激と興奮を求めて、豪胆なよそ者の「すてきな話」を受け入れる素地がある。「粗野な娘たち」には、ロマンティックな渇望と性的フラストレーションがありありと見られるが、勝気で活発な酒場の娘ペギーンにあてがわれる婚約者は、神父に盲従する臆病で卑怯な「クリスチャン男」ショーンでしかない。

「世界中の誰もが元気のよい男を愛し、勇気を愛し、臆病を嫌うのは、自然な本能である」（イェイツ）としても、「血なまぐさい手をした人殺し」を「ヒーロー」と礼賛するのは、日常の倫理を逆立ちさせ、喜劇の枠内で成立するフィクションである。

クリスティは父親殺しを「神様のお蔭で確かに殺した」と白状し、ペギーンは蕪をかじるクリスティを「ノルウェーや東洋の王様のような生活をしていたと思った」ともち上げ、村人たちは「親父殺しの男が戸口の用心をしてくれりゃ、ペギーンは今夜は安心だ」と、二人を残して通夜に出かける。

シングが称える農民たちの想像力と言葉、その活力とユーモアの反映であるが、村人は父親殺しの残虐さを全く無視して「すてきな話」を喜び、観客も作者の巧みな操作に我を忘れて、民話か寓話のような、笑劇的な誇張を楽しむ。

「やさしい男」をたわいなくヒーロー視する「途方もない喜劇」を支えるのは、「すてきな話」に酔う村人の「おもしろがる好奇心」と、村人によって「力のある男」とされるクリスティの「うれしい驚き」で、双方の解放されるエネルギーによって、実像と虚像のギャップの笑劇が進む。

父親へのほとんど発作的な一撃に、あれこれ「正当な理由」を与えられて、クリスティは初めは呆れながらも、恥ずかしさが消えて雄弁になり、自我の拡大と自己の解放を果たしていく。「秀でた額の立派でハンサムな若者」とか、「詩人はあんたみたいな人、癇癪を起こすと怒り狂う、立派な燃えるような人」とかちやほやされると、クリスティ自身その気になって、今までは自己の実体を見失っていたと考えるのも無理はない。

クリスティの自信と解放で、父親殺しの話は次第に膨脹し、必然的に「言葉による現実の変容」、誇張による現実離れの滑稽が生じる。

脳天への鋤の一撃は、話すたびに潤色され、「喉仏まで二つに割れた」が、「ズボンのベルトまで引き裂いた」と拡大し、「殺人行為」がエピック的な「すてきな話」に美化される。

双方の作用と反作用の連動によって行き着くところは、第一幕のラスト、クリスティの「ずっと前に親父を殺さなかったのは馬鹿じゃなかっただろうか、と考えたくなる晩だわな」と、第二幕のショーンが「ああ、親がいないばっかしに、よう慣れた親父をたやすく殺して、みんなの目の前でヒーローになれないのは辛いことだな」と言う、グロテスクな台詞の笑いになる。

実像と虚像の落差は、各幕のクライマックスで、得意の絶頂に達したクリスティを転落させる、笑劇的な笑いに導く。

第一幕で「生まれて初めて女と打解け話をする喜びで得意になって」、「おいらはいい男で、力は大あり、勇気も」と自惚れる時、戸口のノックに脅えてペギーンに縋りつく。第二幕で娘たちに「西の国の驚異」と称えられ、色好みの後家クィンと腕を組んで乾杯するところへペギーンが戻り、再び孤独に突き落とされるクリスティが、許されて「有頂天」になり、「ベルトを締めながら威張って戸口の方へ行く」と、殺したはずの父親が出現し、「よろめいて後退りする」。そしてドアのうしろに隠れるクリスティの目の前で、父親はクィンにその実像を「あらゆる女の笑い草……マーンの家の間抜け」と暴露する。

これは作者自身の作品分析で明らかな、ペギーンとクリスティの「高まる愛情の流れ」の「詩的な」高揚と、後家クィンの「クリスティを奪う流れ」の「ラブレー風の」奔放さを組み合わせた「アイロニカルな」笑劇である。

だから、あとは喜劇の約束事に従ってハッピーエンドに持っていけば――屈辱と孤独の過去から解放される道化クリスティが、賞賛と愛情と自由を獲得する、型どおりのロマンティックな結末を示せば、父親殺しの賞揚という不条理なストーリーも、野蛮で下品と評された台詞の激しさも、言葉と想像力の喜びとエネルギーとされて、観客が騒ぐ不幸な上演史をもたなかったかもしれない。

「汚らわしい行い」――殺したはずの父親が生きて現れたため、再び殺すと、その「汚らわしい行い」で、「ヒーロー」はたちまち「くわせ者（プレイボーイ）」として村から追放される。

第三幕後半は、それまで「すてきな話」で動いてきた舞台に、乱暴な行為が集中的に現れて、「狂想的作品」からの急激な変化を見せる。作品の真価も、素材との違いも、初演の騒動の原因も、この激しい転調にあり、作者の分析はここに「ドラマ」を適用する。

浜辺であらゆる競技の「チャンピオン（プレイボーイ）」となり、ペギーンの愛情を確保して、その父親マイケルの祝福で二人が婚約する、クリスティ得意の瞬間に、マーン親父が跳びこんできて、「クリスティに跳びかかり、殴り倒して、ぶち始める」。

死んだはずの父親の生存は、すでに第二幕で知っていたものの、得意のあまり、あるいはクィンの保証で、ほとんど忘れていたクリスティはもちろん、直前までクリスティの「活躍」を目撃していた村人たちも、父親の暴力で目を覚まし、「マンスターの嘘つきで世間の笑われ者」クリスティの正体暴露に、一転して軽蔑と敵意を示す。同時に、父親殺しを偶像視してきた、激しい気性のペギーンや無気力な村人たちの姿も露呈して、ドラマは最後で大きく転換する。

「醜い嘘つきのくせに、英雄気取りで怖い人のふりして」とペギーンに決めつけられ、村人にけしかけられて、「クリスティ鋤を持ってマーン親父に跳びかかり、追いかけて外に出る。村人と後家クィンあとに続く。外で大騒ぎ、ついで悲鳴、しばらく静まり返る。クリスティ半ば呆然として戻り、炉辺に行く」。

急いで登場するクィンが、「風向きが変わった。来ないと本当に絞り首だよ」と促すように、再度の父親殺しは状況を根本的に変え、それを誰よりもペギーンが代弁する。

よそ者は威勢のいい話ですばらしいけど、裏庭で喧嘩して、鋤で一撃するのを見たら、すてきな話と汚らわしい行いには大きなずれがあることがわかった。この男を連れてって、そうしないと、今日のことでみんな調べられるわよ。

目の前の「汚らわしい行い」を目撃して、遠くの出来事の「すてきな話」にはなかった、父親殺しのむごたらしさに今更ながら驚き、「心は不思議なもの」を体験したペギーンも、飛翔していた想像の翼を閉じ、風船のように膨らんだ「すてきな話」は一気に破れる。

父親殺しの「話」を「行い」にして、「とうとう本物のヒーローになった」と自慢するクリスティは、ペギーンや村人の態度の急変を目の当たりにし、見放される孤立の中で、ト書が明示するように、恐怖が消えて「声が高まり強くなって」、自己を見出しつつある喜びで、「ほとんど陽気に」村人と対決する。縛られたままでショーンの脚に噛みつき、そのためペギーンに泥炭の火で脚を焼かれるが、再度蘇る父親を平然として三度目の殺しで脅す。

これらの暴力シーンは、それまでの「途方もない喜劇」とは異質な、無用な暴力として強い反発を招いたが、その激しさは、シングがいたずらにセンセーショナルにしているのでなく、「アイルランド農民の野生的なところ、言うなれば悪徳も、彼等のあらゆる驚くべき長所と同じく、性質の豊かさという、言いようもなく貴重なものに帰すべきです」と、ある批評に答えている激しさである。

「汚らわしい行い」は、それまで村人たちに見え隠れしていた暴力と反抗の態度が、突然リアルに現れるだけでなく、父親を殺そうとするのも、ショーンの脚を噛むのも、クリスティの自我の発揮であり、村人の先頭に立ってクリスティに縄をかけ、脚に火を付けるのは、ペギーンの失望の大きさの表現である。そして父親殺しを担ぎ上げてきた村人の実体と観客の反応も暴かれる。第三幕のラストに激しい所作を集中させるシングの意図はそこにある。

激しい野次で、台詞が聞きとれなかった初演の『プレイボーイ』騒動が、女の肌着を表す「シフト」が淫らとされて起こったという話が有名になりすぎているが、それが二度目の父親殺し、つまりドラマの転換点となる激しいシーンの直後にくるのは示唆的である。実際すでに途中で二回使われている「シフト」だから、プロットと所作の過激さと重なって騒がれたのである。「汚らわしい行い」は無用の暴力や病的な激しさでなく、効果の計算と観客の操作をうかがわせる、主題を明確にするために不可欠の要素である。「すてきな話と汚らわしい行いの大きなずれ」——父親殺しの「すてきな話」で村の「ヒーロー」「チャンピオン」となった若者が、現れた父親を再び殺す「汚らわしい行い」のために、「くわせ者」として追放される。

『西の国のプレイボーイ』は、写実的に解釈すると、ストーリーの骨組が不自然であり、笑劇と取ると、ラストの激しさが不調和であるが、風刺的な作品の主題と手法、グロテスクな悲喜劇の本質は、「すてきな話」と「汚らわしい行い」の並置とその落差の大きさにある。

しかし、「汚らわしい行い」は舞台裏の出来事であり、殺したはずの父親は二度とも蘇って、父と子は和解して村を去る。最も激しいアクションが疑似行為と化してはぐらかされ、クリスティの自己発見という「ある角度から見れば全く真面目な」劇が、父親殺しの称揚という「部分的には途方もない喜劇」の枠組をもつ。

「世の中の馬鹿ども」の「嘘の力」の幻想が破れ、意気揚々と去るラストのクリスティは、父親が嘲る「マーンの家の間抜け」でも、夢想に膨らむ「プレイボーイ」でもない。虚構と現実が近づいて別人の感があるのは確かであるが、父親と立場を逆転させて旅立つ姿には、まだ現実離れの誇張と皮肉、「無邪気」と「ロマンティックな気分」（Ｈ・Ｄ・ピアス）が見られる。

おまえと一緒に？　よし、異教の奴隷を連れた勇ましい大将みたいに出かけよう。さあ行くんだ。今日からは、おまえがおいらのオートミールを煮て、じゃがいもを洗うんだ。これからはおいらがどんな争いでも勝ってみせるからな。

シングの現実意識と喜劇感覚によって、クリスティの転生にもアイロニーが伴い、しかも逆転の「奇跡」を喜ぶショーンの「横っ面を張る」ペギーンの嘆き、「たった一人の西の国のプレイボーイを失くしてしまうた」で終幕にする。当然、アウトサイダーは爪弾きされて、社会は元の秩序を取り戻すという、月並みな喜劇の結末にはならない。

シングの観客操作は複雑である。喜劇の約束事に現実の裏付けがあり、人物描写には共感と風刺が同居し、台詞のリリシズムは日常語の変形であり、どこまで額面どおりに取ってよいのか戸惑う。単純に割り切ることのできないあいまいさを包みこむ、微妙な調和が作品の生命である。今日その上演に騒動を起こす観客はいなくても、面食らう者はやはり少なくないだろう。

対英独立気運の高まる時代で、『プレイボーイ』騒動は、国粋主義的な反発とか、観客のカトリック中産階級の偏見とかで片づけられるかもしれないが、『プレイボーイ』を非現実的なファンタジーとのみ見なされないのも事実で、騒動は不可避であったとさえ言える。

暴君的な父親に抑えられるクリスティと、神父に盲従するショーンと、意気地なしの二人の若者は、イギリスによる植民地支配と、ローマ・カトリックの精神的支配を連想させ、風刺になりうる。

また父親殺しの英雄視は、植民地としての歴史と国民性に見られる英雄崇拝と暴力礼賛に結びついて、「アイルランド＝イギリス関係の激しい革命的アナロジー」（G・ワトソン）を読みこむことも可能かもしれない。

シングは一方では、「あのストーリーは、その土地の精神的状態が与えられれば、本質的にはありうることである」と説き、他方では「これは喜劇であり、狂想的作品であり、喜ばせるために書いた」とも言う。そしてそういう矛盾する「いくつかの側面」を包みこむ手法を、「典型的」であり「アイルランド的」であるとする。

『西の国のプレイボーイ』は何よりも、言葉をめぐってシング劇の集大成になる。タイトルの「プレイボーイ」自体が、ドラマの進行につれて「ヒーロー」「チャンピオン」「くわせ者」のニュアンスを帯びていくように、互いに矛盾し混乱させる意味合いで、単純なストーリーを複雑にし、多義・変化・重層・曖昧がキーノートとなる。

口汚い激しい台詞とされる言葉は、現実の人々の現実の言葉との「共同作業」であり、村人とクリスティ双方の想像力の飛翔が、言葉の高揚で表され、詩的な華麗さと、不釣り合いな誇張を伴って、「途方もない喜劇」と「全く真面目な」劇の合成を可能にする核となる。

シングには書きすぎる傾向はあるが、資質としてもつ言葉の喜びを、言葉の機能、観客の操作として表すから、台詞を額面どおりに取って、素朴に酔うわけにはいかない。「高貴さと雄弁のため、おそらくアイルランド文学に匹敵するものがないラヴシーン」（ジョンストン）も、後家クィンのリアリズムでは、「密造ウイスキーの腐った臭いをさせ、体をバリバリ引っ掻いてる娘に、詩的な話ときたもんだ」と皮肉られる。

その極端な表現は、時空を越える誇大な天体のメタファーと、クリスティをキリストやクフーリンと重ねるモック・ヒロイックのイメージで、それらの多用は作品に解釈の幅を許し、台詞の詩美の源泉となるが、時には滑稽さを帯び、皮肉を伴うことを見落としてはならない。シング最大の特徴である詩的な言葉は、単なる装飾や異国情緒でなく、喜劇の原動力であり本体である。

ドラマの着想は、シングがアラン島滞在中に聞いた、父親殺しを官憲から匿う話と、当時よく知られたリンチホーン事件などに由来する。法と秩序が直ちに支配するイギリスと結びつき、罪人や反徒をかばい助けることが愛国的となりうるアイルランドで、これらの実話に基づく構想には、シングの体験と洞察が活かされている。従って基本的に現実性も真面目さもある。

しかし素材と違って、村人は父親殺しを匿わないで官憲に渡そうとし、むしろ逆に父親殺しに見捨てられる。シングは罪人の正体と評価をすっかり滑稽化して、主人公の自己発見という「全く真面目な」主題を「途方もない喜劇」として展開する。

「舞台には現実がなければならないし、喜びもなければならない」と説くシングには、対立あるいは矛盾するものの並置と、それによる「ブルータルな効果」が、芸術観の根底にある。

喜劇の約束事と荒々しい写実、ロマンスの高揚と皮肉な土臭さ、アーキタイプとアイルランド人気質を、緊張と落差で対置し、転調させるショック効果こそ、シングの手法である。そして複雑な人物造形と見事な台詞による「すてきな話と汚らわしい行いの大きなずれ」の悲喜劇を扱う『西の国のプレイボーイ』でそのピークに達する。


J・M・シングは三七歳で病死したため、残された戯曲は数篇にすぎないが、アイルランド演劇の「輝かしい遺産」（イェイツ）である。

『月が沈む時』など未完の作のあと、完成した五篇のうち四篇が、直接、間接的にアラン島での見聞に題材を得ている。特に海難の悲劇を扱う『海へ乗り出す人々』は、素材も背景もすべてアラン島体験に基づく一幕物である。

しかし、アラン島体験は直接には一篇の悲劇の結実で終わり、生き生きした人物像と激しいアイロニーを特徴とする悲喜劇こそ、シングの真価であり、嫉妬深い老人との愛情のない結婚に堪える、孤独なヒロインを扱う一幕物『谷間の影』でスタートする。

鋳掛屋一家が、結婚の司式を拒む神父を袋叩きにして逃げる結末の『鋳掛屋の婚礼』は、危険視されて作者の存命中には上演されなかった二幕物で、シングとしては失敗作である。

フランスの笑劇に題材を得て、盲人の乞食夫婦の開眼を扱う、奇跡の悲喜劇『聖者の泉』で、主題の深化と手法の習熟を示す。

一連の農民劇、苦い喜劇で、観客の不評を買ったシングは、『プレイボーイ』騒動のあと一転して、最も有名なアイルランド伝承に題材を求めて、悲劇『哀しみのデアドラ』に腐心するが、早世によって未完に終わる。

驚きと困惑の伴う「現実と喜び」に満ちた、グロテスクで美しいドラマに、シングの独創と真価がある。アイルランド演劇にリアリズム路線を敷いたという「現実」だけでなく、舞台に「喜び」をもたらす「想像力」と「言葉」、それを支える「ユーモア」や「笑い」を重視し、その際《きわ》どいデリケートなバランスによる悲喜劇を本質とする劇作家である。

リアリスティックな主題と特異な文体が、不評と騒動を招くのは不可避であったが、その後のアイルランド演劇に大きなインパクトを与えることになる傑作群である。

3．オケイシー『鋤と星』

当時はまだ記憶に新しかったアイルランド現代史の動乱を背景に、ダブリン下層階級の「現実と喜び」を活写する新生面で、「ダブリン三部作」はショーン・オケイシー（一八八〇―一九六四）の評価と人気を決定的にする。

イギリスからの独立を目指すアイルランドの激動と変革の非常時を題材にする「三部作」は、経済的に貧しく、政治的に素朴な、社会の底辺の人々に視点を据えて、「国家の誕生」に否応なく巻きこまれる民衆の悲喜劇を展開する。

曲がりなりにも独立したアイルランドの混沌とした状況に対する、作者の幻滅と怒りを色濃く反映し、ヒロイズムの虚妄と混乱を描く「三部作」は、まず対英独立の「紛争」を『狙撃兵の影』で、次いで自由国成立をめぐる「内戦」を『ジュノーと孔雀』で扱ったのち、ナショナリズムの原点である一九一六年イースター蜂起を描く『鋤と星』（一九二六、アベイ劇場）に進む。

蜂起から一〇年、独立して四年、内戦も収まって、蜂起が神聖視されていく状況で、国民演劇になることが期待されたが、反ナショナリズムとして、劇場で騒動が起きる。

武装蜂起の一翼をなした、市民軍の旗「鋤と星」と義勇軍の三色旗をパブに持ちこむことや、売春婦の登場が反発を招いたが、最も問題とされたのは、半ば神格化される最高指導者ピアスの扇動をデフォルメし、蜂起に否定的な視点である。

蜂起の理想と勇気と栄光を称えるより、その無謀と犠牲を強調する作者への反発であり、一種の偶像破壊、タブー破りだから、観客が騒ぐのには一理あった。

第一、二幕が一九一五年一一月の政治集会、第三、四幕が一九一六年イースター蜂起の「四幕の悲劇」で、蜂起の前段階からパノラマ風に展開するが、蜂起の指導者や参加者を主役とするより、作者がよく知るスラムの住人を通して、蜂起をいわば最底辺で、あるいは裏側から捉える。

ナショナリズムの大義や組織に巻きこまれて、生命と家庭を犠牲にさらす民衆に焦点を合わせながら、その矛盾や滑稽、勇気や反目を見事に描く、オケイシーの傑作である。

第一幕、スラム街の安アパート、新婚のレンガ職人ジャックとノーラの部屋。一見平穏で幸せな二人であるが、「世間体」を気にするノーラは、住人たちの勝手な出入りに惑わされる。夫の参加を心配するノーラが、市民軍での昇格を隠していたことに気づくジャックは、新妻を振り切って政治集会に急ぐ。

ジャックの「虚栄心」による政治意識と、ノーラの排他的なマイホーム主義の対立が、一貫した主題であっても、二人を取り巻く住人がドラマを動かす。

間借りの感傷的ナショナリストの伯父ピーターと、教条的社会主義者の従兄弟コヴィ。「完全な男」と呼ばれる隣人の大工フルーター。詮索好きな雑役婦ゴーガン夫人。さらに息子がイギリス軍に従軍している、ユニオニストの露店商ベシー。

夫と妻、母と子、隣人や友人という、最も基本的な人間関係が、蜂起にいたる騒然とした状況と密接に関連して活写される。

事態を把握できない住人たちの言行不一致や自己欺瞞や道化ぶりなど、多様な個性を見事に捉えながら、個々の人物よりも、アンサンブルによる多様な視点と反応に重点をおく。大きな政治的社会的変動に直面する、名もない喜劇的人物たちの混乱と矛盾と対立を複眼的に展開する。

だが反英デモが次第に慌しさを増していく第一幕では、蜂起はまだ遠景にすぎない。ノーラと結核の少女モルサーを残して、ジャックたちが集会に駆けつけ、一方、西部戦線に向かうアイルランド兵の行軍が聞こえる幕になる。

一時間後、共和派の大集会近くの街路とパブに場面を移す第二幕で、作者は野心的な実験的手法を用いる。時々「窓の人影」が、義勇軍と市民軍の兵士たちに、独立のための武力闘争の義務とヒロイズムを訴える演説を行う。

「群衆に演説している背の高い男のシルエットが窓に映る」「その姿は下手に動いて、見えなくなり聞こえなくなる」「男のシルエットが再び窓枠の中に移動して民衆に演説する」――こうして適宜現れては消える「演説者」は、民衆から離れた観念性にふさわしいシルエットであり、不自然に拡大された姿で、固有の名前はもたないが、蜂起の指導者ピアスに擬せられ、その演説は、ピアスの有名なスピーチや論文をもじる過激なレトリックで、「流血は浄化し神聖にする」「血を流さずして救いはない」と、ファナティックに血の犠牲を強調する。さまざまな反乱で血ぬられたアイルランド史をふまえる、蜂起の指導理念のアジ演説である。

演説と酒に酔い、些細なことで議論し、喧嘩する人々の滑稽なエピソードが重なって、パブの内部は「演説者」の大義のパロディ、あるいは蜂起直前のダブリンの皮肉な縮図になる。酒場に出入りする人々がエゴイズムや臆病や見せかけなどの反応を示せば示すほど、「窓の人影」の拡声器の扇動を、そして背後で進捗する蜂起を、結果的に嘲笑い、皮肉な照応で怪しくさせていく。

第二幕のラストは、酒と売春の強調で、愛国と犠牲の演説が、酒場の人々の実態と不調和であることを鮮やかに示す。

「演説者」の最後のアジ演説に、興奮するジャックたち兵士が大仰な誓いを立て、急いで出ていき、行軍に移る。それと対照的に、「陽気な気分の」フルーターと娼婦ロジーが、個室から出てきて戯れる。

男の声　われらの敵は強力である。しかし強力であっても、神の奇跡を無効にすることはできない。神は若者たちの心に、前の世代の若者たちによって播かれた種を実らせ給う。敵はアイルランドを平定したと考えている。あらゆることを予知し、あらゆることに備えていると考えている。愚かな、愚かな、愚か者たちだ！　敵はわれらにフィニア団の死者たちを残した。アイルランドがこれらの墓を守る限り、自由を欠くアイルランドは決して平穏ではないだろう！

ブレナン大尉　（鋤と星の旗を急に持ち上げ）アイルランド独立のために投獄を！

ランゴン中尉　（三色旗を持ち上げ）アイルランド独立のために負傷を！

ジャック　アイルランド独立のために死を！

三人　（一斉に）神のご加護を！

（三人酒を飲む。集会を告げるラッパ。三人急いで出ていく。間。個室からフルーターとロジーが出てくる。ロジーは少し酔ったフルーターと腕を組んでいる。陽気な気分の二人）

ロジー　さあうちへおいでよ、あの向こうよ。あんた恐いのかい。うちへ来るのかい、来ないのかい。

フルーター　もちろん行くとも。どうして行かないでおれよう。

ロジー　（やさしく）さあ、じゃ、いい人。

シルエットの実験性も、人物たちの登退場の処理も、第二幕は技巧が冴える幕になる。しかもその技法は、全篇の状況と肖像のリアルな基調をくつがえすものではない。パブの内部の不協和音と、背後で進捗する蜂起が、皮肉に結びつけられ、個々の活写が包括的なヴィジョンで統一されている。

半年後の第三、四幕で、イースター週間に入って、蜂起は戦闘の渦中に転じる。当事者だけでなく、周辺の傍観者をも巻きこむ事態の進展につれて、人々は感情の高まりや現実との直面で、それまでとは違った側面を見せる。流血を説く演説が流血の犠牲をもたらし、スラムの住人がさまざまの形で不幸に遭遇して、その視点と対処が蜂起の推移を反映し、蜂起への批判になる。

蜂起まっ最中の第三幕。ジャックたちの共同住宅の前の街路。中央郵便局占拠と共和国宣言にもかかわらず、蜂起の実態がわからない市民たちは、イギリス軍の砲撃が続く混乱の中で、商店やパブの掠奪に夢中になる。

市街戦の激化が、貧しい人々には一種のチャンスになって、日頃は手に入らない食品や酒や衣類を求めて店を襲う。愛国的行為に冷淡な民衆を非難しないで、むしろ共感をもって描き、大義のために戦う人々との対照で、アンチヒーローたちの掠奪行為が蜂起に冷笑を浴びせる。

オケイシーは男たちのロマンティックなヒロイズムをからかう反面、女性の家庭的立場に好意的であると、よく指摘されるが、女性の中心にいるノーラは感情的利己的で、夫以外のことには無関心で、視野が狭い。逆に、口ばかり達者で無責任な男たちが、時には勇気と親切心を示し、フルーターは夫を探しに出たノーラを戦闘場面から連れ戻す。蜂起に加わる者も狂信者ではなく、見せかけのヒロイズムで、それぞれに矛盾を抱えて苦しんでいる。

『鋤と星』の人間性は、登場人物が「非政治的あるいは反政治的でさえある」（G・ワトソン）からだとしても、大きな変動に直面する人々を、個々にも集団的にも、複雑なアンビヴァレンスで描く強みである。

ジャックが負傷した同志と戻るが、妻の懇願を振り切って再び戦闘に馳せる。ノーラの陣痛が始まると、周りに罵声を浴びせ続けていたベシーが、医者を呼びに走り出る、慌しい幕となる。

二、三日後の第四幕、蜂起は鎮圧され、犠牲者が続出して、悲劇はクライマックスに達する。パブと市街に広がった舞台が、ベシーの屋根裏部屋に収斂し、外の蜂起と内の家庭のそれぞれの悲劇が一体となる。

これまでいがみ合っていた男たちが、場違いな掠奪品が目につく部屋に避難し、ノーラの死産児と、スラムの貧困の象徴として結核で死ぬモルサーの棺が並ぶ所で、トランプで気を紛らしているが、イギリス兵に追い立てられる。

窓外には燃え上がる街が見え、銃砲の音が聞こえ、参戦者にも市民にも、肉体的にも精神的にも、死が広く行きわたり、戦闘の真の犠牲者が民衆であり婦女子であることを示す。ジャックの戦死が告げられても、流産で気のふれたノーラにはわからず、夫を求めて窓際で叫ぶノーラを守ろうとして、親英派のベシーが撃たれる。イギリス兵が突入し、間違いに気づくが、ノーラが夫のために用意した茶を飲み、「家の炎を消さないで」とセンチメンタルな歌をうたう。

街が炎上し、救急車が走る大混乱の中で、イギリスによるアイルランド占拠を象徴する終幕である。しかも絆の中心にいるベシーが狙撃兵と間違われ、無知で平凡なイギリス兵は、蜂起を正当化するような悪党ではなく、作者の痛烈な皮肉を鮮やかなイメージに結晶させるラストである。

アンチ・ヒロイックな『鋤と星』は、民衆の現実から遊離し、民衆を犠牲にする、愛国の大義への疑問と抗議が支配的である。蜂起のあと、独立をめぐる内戦で、かつての同志が殺し合い、貧しい労働者をなおざりにする自由国の現実に対する、オケイシーの嫌悪感が根底にある。

狭い視野で無分別にしか思えない社会の底辺の人々が、蜂起の渦中に放りこまれ、破滅的影響を受ける悲劇であると同時に、歴史の分岐点で、イリュージョンや矛盾の滑稽さも見せながら、本能的に同情と勇気を発揮し、立場や主義を越えて助け合う市民への賛歌でもある。

イースター蜂起を指導者たちのドラマにしないで、巻きこまれる民衆の人間的弱さや英雄的行動に反映させて、その理想と現実の懸隔を示す『鋤と星』は、構想の大きさと確かさで見事な人間劇になりえた。

「ダブリン三部作」を作者はいずれも「悲劇」とする。「死と病いと混乱のサタンの三位一体」を扱って、全般的に悲劇的ではあるが、私欲から大義まで、人間と社会への笑いに満ちて、喜劇的でもある。国家の命運を左右する動乱に翻弄される下層の民衆の、苦悩と滑稽が不可分に混合し、笑いの「呪いと祈り」の二重性で、「三部作」は悲喜劇になる。

また、初めから三部作の構想による連作でもない。時代背景は年代順でなく、人物の相互の出入りもない。ドラマの規模も表現の手法も一様ではない。

「叙事的スケールの構想で、全般的に悲劇的ヴィジョンを深くもつ、一連の政治的社会的ドラマ」（R・エイリング）と捉えるとしても、動乱に巻きこまれる人々が多様になるだけでなく、『ジュノーと孔雀』の一見ウェルメイドな喜劇から、リアリズムをはみ出る『鋤と星』の実験性までの違いを見せる連作である。

『鋤と星』騒動のあと、ショーン・オケイシーはロンドンに「亡命」し、アイルランドを越える広い世界への関心と、型にはまったアベイ劇場の限界を破る実験性で、その「汚染」を批判される。

アイルランドのスポーツ青年が、イギリス軍に志願し、第一次大戦で下半身不随になる、反戦劇『銀盃』は、主題では「三部作」の延長であり、第二幕の表現主義的様式化でオケイシーの分岐点をなすが、「三部作」の作風の拡大と深化のあとでは、期待外れの感は否定できない。

『銀盃』の上演をイェイツらに拒否され、アベイ劇場とその役者の便宜を失うオケイシーは、以後、上演前に戯曲を出版し、上演もままならぬ状態に追いこまれる。

非写実的スタイルを全四幕に拡大し、場面も人物もアイルランドと無関係の『公園の中で』は、経済恐慌のイギリスで、魂の救済を求める「若い女」の肉体的精神的遍歴を描く道徳劇である。女を張り合う寓意的人物に生彩がなく、歌と踊りによる詩的効果も劇的エネルギーを欠く。

その他、『星が赤くなる』『ぼくのための赤いバラ』『オークの葉とラヴェンダー』と続けざまに書いていくが、視野の拡大とメッセージ性、人物のタイプ化と劇行為の様式化、凝った文体とアレゴリー性など、手法の実験を進める中で、ダブリン劇の複雑さから離れ、祝祭性も獲得せず、劇作品としての完成度ないし成果は満足できるものではない。

その後、「亡命」した異国から当代の母国を見つめ、独立したアイルランドの政治や宗教の保守性と後進性を批判し、生と性を謳歌する独特の喜劇群を創る。寓意や風刺、様式化や象徴性、歌や踊りの利用など、先の実験性を受け継いで、ファンタスティックな「不道徳劇」、苦い喜劇となることが多く、長く国外に住む作者のアナクロニズムと非難されたりする。

その嚆矢となる『紅い塵』は牧歌的な笑劇で、まだ楽観的である。二人の裕福なイギリス人が、中立国アイルランドで第二次大戦の戦火を逃れ、荒れ果てた屋敷の再興を目指すが、職人の抵抗にあい、洪水に流される。二つの国民性の対比による「気紛れな喜劇」であり、笑いを「武器」とする風刺劇である。「生命の喜びと活動の精神」を象徴する、人間大のにわとりが主役の『こけこっこうダンディ』は、騒々しいドタバタ喜劇であると同時に、抑圧的な「聖者・悪漢」がのさばる暗い喜劇でもある。アイルランドの「道徳的麻痺」を痛烈に風刺するファンタジー劇で、作者は「私の好きな劇で、ベストだと思う」と述べる。

その他、聖俗の圧力と生命力の対比という道徳劇の枠組で、『司教のかがり火』『ネッド神父の太鼓』など、旺盛な創作欲を発揮するものの、筆力の衰えは否定できない。

後期作品は、喜劇的ファンタジーあるいは風刺的道徳劇で、作者の喜劇の天分は明らかだが、その笑いには幻滅と怒りが見え隠れし、ことの白黒の単純化や人物の類型化のため、「笑いの威力」は次第に尻つぼみになり、「悪と戦う武器」としても、「陽気な人間宣言」としても、有効性を失っていき、ドラマとしての魅力は薄れていく。

4. ジョンストン『夢見る遺骨』

『ガリヴァー旅行記』で有名なスウィフトは、アングロ・アイリッシュで、国教会の聖職者であるが、アイルランドとの関わりでは、失意の愛国者であり、矛盾した風刺作家であり、しかも秘密と謎に満ちた私生活のため、イェイツをはじめ、アイルランドの劇作家が次々と創作のモチーフにした。

デニス・ジョンストン（一九〇一―八四）が『夢見る遺骨』（一九四〇、ゲイト劇場）に取り組んだのは、先行作品の刺激を受けながら、公人あるいは文人としてのスウィフトより、ステラとヴァネッサの二人の女性との奇妙な三角関係に迫るためである。

スウィフトへのこだわりは、『夢見る遺骨』のあとで、スウィフトの私生活、特に女性関係の謎を解く独自の仮説を、元来法律家らしい、緻密な首尾一貫した論考『スウィフトを求めて』に仕上げていく徹底ぶりである。ジョンストンの論証は史料と推論による仮説で、戯曲はその仮説を内包する野心作である。

ステラとの秘密結婚でも、自らの狂気の怖れによる結婚忌避でもないとする、ジョンストン独自の説は、スウィフトは秘書として仕える元外交官ウィリアム・テンプルの私生児という俗説を斥けて、ウィリアムの父ジョンの隠し子とし、ウィリアムの私生児ステラと、伯父と姪の間柄になるというものである。

当時二人の関係は、「罪以上のもの……教会と国家に対する犯罪」になるため、近親相姦の結婚は問題外で、スウィフトは暴露によるスキャンダルを怖れる。秘密を打ち明けられるステラは、他の男との結婚は考えられず、スウィフトとの変わらない関係を甘受する。

一方、スウィフトと肉体的に結ばれる情熱的なヴァネッサは、二人の関係を疑い、ステラに結婚の有無を尋ねて、スウィフトを窮地に陥れる。二人から説明がないため、ヴァネッサは対抗措置として、遺言状を書き改め、スウィフトとの関係を明るみに出すようにした、という新説である。

学術論文あるいは裁判記録のようなジョンストン説は、独自の資料の発見と心理の解釈により、それに従えば、スウィフトは確かに奇妙ではあっても、感情的にも性的にも、アブノーマルではなく、二人の女性との間で苦悶する、普通の人のレベルで悲劇的である。

しかし『夢見る遺骨』は、その仮説を核にしながら、その真偽は問題でないほど、複雑な仕掛けの劇である。作者は劇作家として、「スウィフトの物語を理解する」ためには、「すべての人物の行動に動機を与える」ことが欠かせないと説く。

一八三五年、スウィフトが首席司祭だった聖パトリック大聖堂の修復の際、スウィフトとステラとおぼしい遺骨が発掘され、骨相学者たちの好奇の目にさらされたあとで、二人の生前の関係を反映させて、どう埋め戻すかという問題が生じる。

折から、大聖堂修復の基金集めのために奇跡劇『七つの大罪の仮面劇』を演じた役者たちが戻り、「現在の」首席司祭の勧めで、一八世紀前半のスウィフトと関係者に扮して、スウィフトの私生活の謎を明かす「別の仮面劇」を「公演」することになる。

スウィフトは例えば、魂の最も神秘的な賜物である罪を七つ受け継ぐ人です……みなさんが今晩の仮面劇で実に見事に演じてきたそのものです。スウィフトはその罪をもって生まれ、一生涯それから逃れようとするが、結局その一つに殺されます。この頭蓋骨はその儀式のシンボルです。ところでみなさんは頭蓋骨をどこに休ませるかで議論されているが、この人を本当に殺したのがどの罪かはっきりわからないと、その生涯と死と埋葬の謎をどうして解けますか。

こうもちかける首席司祭が自らスウィフトに扮し、その「キャスティング」と「演出」で、演じたばかりの仮面劇の大罪を役名とする役者たちが「自らの物語を語る」。それぞれがスウィフトを取りまく特定の人物とのエピソードによって、自らの役名である大罪でスウィフトを論難しながら、「本当に我慢ならない他人の罪は、たいてい自分自身の罪である、という奇妙な現象に関わる」作品になる。

扮する大罪の主観的立場による、スウィフト批判と謎解きで、洞察と無理解、偏見と矛盾の交錯の中から、総和としてスウィフトの全体像が浮かび上がる。一つの視点では捉えられないこと、いずれが正解とも言えないことを示す、極めて巧妙な時と所と状況の設定であり、作者のスウィフト観の複雑さに見合うスタイルである。

「七つの大罪」がそれぞれに脚本・演出・主演を兼ねる演劇的操作と、一〇〇年前の実在の人々を演じるフラッシュバックの劇中劇を、一〇〇年後の現代の観客が観る構造で、スウィフトの謎に迫る伝記劇が、人間全般に関する道徳劇になり、しかも前衛的な実験劇でもある。

演じるのがインテリであるとしても、またスウィフトの伝記はよく知られているとしても、議論を即興劇として演じることには「不信の休止」が必要であり、即興の自然さを失いかねないが、どこからかスウィフトの言葉――「わたしはわたしなり」「わたしが生まれた日よ滅びろ」と不気味な囁き声が聞こえる教会で、「張出し舞台に置く二つの頭蓋」の「夢」に「声を貸す」、霊媒による降霊術の趣きさえある劇になる。

まず、スウィフトを「肉体を野獣のレベルに落とす」大食の罪で責める〈大食〉の場。老齢のスウィフトを、昔ステラに求婚したティズダル師が訪れ、双方の軽蔑と反感で口論になる。かつての料理女も来て、その夫の歌にスウィフトは激怒する。最終場面とで、晩年のスウィフトという枠になるものの、大食と結びつかず、スウィフト解明には弱い。

〈貪欲〉はスウィフトを「お金のことに貪欲な人」と責め、ティズダル師がステラに求婚した折、後見人のスウィフトが断った「背後にはお金のことがあったに違いない」と憶測する。ステラに思いとどまらせる肝心のシーンを舞台裏の出来事にして、ステラが「二度と結婚を口にすることはなかった」理由に、作者の近親説を当てるのだが、それはあとに回してサスペンスを生む。

〈邪淫〉は「わたしたちなら許されても、聖職者には致命的な邪淫の悪徳」を見出す論証で、スウィフトとヴァネッサの出会いと、友人フォードが警告する二人の仲の深まりを、ロンドンの政変や女王の死という公的事件と絡ませて、二場面で演じる。

〈憤怒〉は「スウィフトを悩ませたのは、肉体の弱みでなく、嫌悪した世の中と、断固として挫こうとした性に対する、怒りと恨みだった」という立場で、母の死後、スウィフトを追ってアイルランドに渡ったヴァネッサは、気懸りなステラとの結婚の有無を尋ねてスウィフトを怒らせる。

二つの場面とインタルードによる〈嫉妬〉は、まずバークリー博士との再会で、スウィフトは「大物」どころか「自分より成功する者は誰でも妬んだ」と示したあと、ヴァネッサの手紙が届き、先の〈貪欲〉シーンに続くフラッシュバックで、ジョンストン説を提供して、役者の疑問と観客のサスペンスに応える。〈傲慢〉の三つの場では、結婚の有無を尋ねるステラ宛の手紙を、ヴァネッサに無言のまま突き返すしかないスウィフトを、ステラは「許しを請うことができない罪、七つの大罪の最大の罪」である傲慢の廉で責める。ヴァネッサの死後、二人の関係を示唆する詩「カデナスとヴァネッサ」の出版が巷間の噂になったあと、ステラも亡くなる。

〈怠惰〉が召使ブレナンとして現れる最終場面で、老耄のスウィフトが自作の「スウィフト博士の死を悼む詩」を、ステラの付添いだったディングリーに読ませ、見せ物のように集まる野次馬を「ヤフー」呼ばわりし、「わたしはわたしなり」を繰り返す終幕になる。

「七つの大罪」がそれぞれの立場で展開するスウィフト観とエピソードは、断片的部分的で、年代は相前後し、長短軽重かなりのアンバランスのため、スウィフトの伝記と大罪の論証との関わりは必ずしもぴったり一致しない。

その中で作者の力量を示すのは〈傲慢〉の場で、〈嫉妬〉の場でスウィフトと渡り合うバークリーが、グラフトン公を「私生児」、その母親を「みだらな女」呼ばわりする時、ヴァネッサの手紙を読んで、ステラは驚き、演技を中断する。

傲慢　わたしはどういう意味でもステラじゃない。信じられる女じゃない。正気の女だったら、だれがこんな振舞いをするでしょうか。

首席司祭　（神経質に）あんたの振舞いは完全に筋が通っておる。とてもすばらしい人だよ。

傲慢　完全に筋が通っているですって！

首席司祭　何代もの伝記作家を満足させてきたものだ。

傲慢　（軽蔑したように）スウィフトの伝記作家であって、ステラのじゃないわ。認められない愛人に甘んじて一生を送るのは、あの人の話には十分でしょうが。

首席司祭　いや、秘密の妻としてだよ。

傲慢　いっそう悪いわ。わたしがあなたの妻なら、どうして認知できないの。わたしは何か恥ずかしいもの？　首席司祭公宅を一五年も世話してきて……あなたに庇護され、お金の面倒も受けてきて、それでも資格がないなんて……。

「私生児」「みだらな女」というバークリーの言葉が、スウィフトとステラの出生の秘密と関わるだけでなく、〈傲慢〉とステラを演じる役者が、劇中劇を中断する抗議は、女としての自己主張で、ブレヒト的異化効果もある。

このインタルードに、ジョンストン説を展開する核心のフラッシュバックが続いて、二人の関係の謎に「動機づけ」を行うとともに、スキャンダルを怖れるスウィフトと、秘密の公表を迫るステラの、二人の「プライド」も露呈させる。

『夢見る遺骨』はまず演出家向きの作品である。キャストや装置の経費や旅公演を考えると、「演出家の好みと資金によって、入念にも簡素にも演じられ、オルガンと聖歌隊席のある大聖堂内陣から、装置を全く使わない放送まで」、上演が自在で、「必ずしも劇場でない公演や朗読を目指した劇」の副題をもつ。しかし「それ以上に役者の劇であり、役を二重にしているのは意図的である」。登場人物は仮面劇の大罪の名で呼ばれる道徳的抽象性とスウィフトの伝記の人物を演じる。

首席司祭＝スウィフト（主演男優）、傲慢＝ステラ＝モル（主演女優）、大食＝ティズダル師＝ジョン・ゲイ（性格男優）、憤怒＝ヴァネッサ＝ふしだらな女（純情娘役）、貪欲＝ディングリー＝ヴァナムリー夫人（性格女優）、邪淫＝フォード（軽い喜劇役者）、嫉妬＝バークリー博士＝歌うたい（敵役）、怠惰＝ブレナン＝堂守（道化）と、一人が二役も三役も兼ねる上演である。

「この作品は、性格を演じる才能がありながら、一つの芝居の中でその多才ぶりを発揮する機会にめったに恵まれない役者たちのための試作である」と作者は記す。

もちろん『夢見る遺骨』は、何よりもスウィフト劇である。ジョンストンも訳しているピランデルロの『作者を探す六人の登場人物』の影響も見せて、「七つの大罪」がスウィフトを探す七人の登場人物になり、「ストレートな伝記」より「スウィフト探求の劇」になる。

七つの大罪の総和であるスウィフトの大きさと複雑さに見合う重層構造で、「役者たちのスウィフト観と、七つの大罪に占めるスウィフトの位置の間のどこかに、矛盾したスウィフトの全体像がある」（D・E・S・マクスウェル）。

その核となるのが独自の血縁説で、学界では受け入れられない学説であるが、その仮説に基づいてこそ可能になる「心理的動機づけ」を重視する。ジョンストン初期の反リアリズムに通じる手法でありながら、表現主義の難点を克服し、心理的洞察と整然とした論理性に支えられて、作者特有の知的刺激を与える。七つの大罪の枠組は、改稿を重ねた最終段階での着想であり、そのことで「スウィフトの個人的問題」より、人間全体に関する劇に拡大し、「あの方の罪が何であれ、わたしたちから罰を受ける必要はありません」と劇中でフォードに言わせる。

ジョンストンの考えでは、スウィフトは潔白ではなく、七つの罪すべてを犯した。すべての人間がそうである。ジョンストンの神学では、それが人間の条件である。人間は「罪をもって生まれ」、その罪が「遺伝……遺産」である。（H・フェラール）

個人の多重性とアイデンティティの探求を扱う内面の劇として、アイルランド演劇の主流に棹さしながら、『夢見る遺骨』は主題と手法、伝記と仮説、心理と人間観をマッチさせ、極めて演劇的なメタシアターにもなる、ジョンストンの最高作である。

オケイシーの衝撃で現代劇に突入したアイルランド演劇は、同時代にもう一人、独創的で実験的なデニス・ジョンストンをもった。欧米でピランデルロ、ブレヒト、オニールなどが輩出している時期に、草創期の隆盛のあと、陳腐な農民劇や型にはまったリアリズムで停滞するアベイ劇場に満足しないで、欧米の先端的な劇を上演するダブリン演劇同盟とゲイト劇場で活躍する。

知性と創意に富むモダニストで、一人の作家のものとは思えない変化と実験を続ける。独立を達成しても、「国家の誕生は無原罪のお宿りではない」現実を、前衛的手法で捉える第一作『老婦人は「ノー！」と言う』で脚光を浴びたあと、自由国派と共和派の抗争を扱う『黄河の月』は、一転して、三単一を守るオーソドックスさであるが、単純さを拒む喜劇的視点が一貫し、シリアスな討論と滑稽な言動を交錯させる悲喜劇である。

避けられないが、人生に意味を与える死を扱う『ユニコーンの花嫁』は、さまざまな手法を混成した実験作で、思想でも構造でも、最も難解なジョンストン劇である。主人公が消えた花嫁を探し求める冒険の旅は、死の受容のアレゴリーで、矛盾に満ちた人間の根本問題を扱う、超現実的ドラマになる。

セミ・ドキュメンタリー映画の傑作『アランの男』の撮影現場に立ち会った体験に基づく『嵐の歌』は、当時まだ新しいメディアのロケーションを素材として、本来コマーシャリズムを批判する娯楽作である。

死亡記事の稿料不払いの「不正」への抗議として郵便局を襲い、精神病院送りになる記者をめぐる『黄金のカッコウ』は、実話に基づき、またイースター蜂起のパロディになるが、誇張と逆説による「不合理な喜劇」である。

第二次大戦の実話による『ブリッジの四番手』は、戦争の人間的側面を強調しながら、戦争の愚かさを衝く、インターナショナル・エピソードのファースにとどまる。

弁護士から転じた作者の本格的裁判劇『アイルランズ・アイ島の奇妙な出来事』は、誤審の実話による法廷劇であるが、ウェルメイドにする意図が目立ち、大衆受けしても、作者の声価を高める作ではない。

最後の戯曲『鎌と日没』はイースター蜂起を扱う佳作で、劇作家として原点に立ち返る。二度の大戦の「鎌」で大英帝国が「日没」を迎える現代史の展開と国際的な背景から、作者独特の冷静な考察と皮肉な批評精神で、蜂起の非神話化を図り、ヒロイズムの虚像を剝ぐ。

このようにジョンストン劇は、主題は変化に富み、手法は同質でなく、出来は不揃いである。表現主義の影響は急速に衰え、反リアリズムの揺れが大きい。

ほとんどの作品はアイルランドと関わり、純然たるフィクションであるよりも、歴史的事件や実話に依拠しながら、リアリティの捉えがたさが一貫する。

観念や思想をめぐる「思想喜劇」（キルロイ）では、感情を抑え、知的レベルで討論劇になる。虚実、善悪、生死、悲劇喜劇が不可分に共存し、その矛盾を意に介さない。

ジョンストンにとって、人間や世間は矛盾とパラドックスに満ち、物事や事件は多様な解釈を許す。だから作品は複雑多岐になる。しかし時には、主題と手法の単純さで、ドラマの力を失うこともある。

5．ビーアン『変わり者』

アイルランドの刑務所での死刑囚処刑の一日を描く『変わり者』（一九五四、パイク劇場）は、ブレンダン・ビーアン（一九二三―六四）自身の刑務所体験に基づく創作で、その雰囲気と内情の知識と、作者一流の粗削りな笑いの威力とで、死刑の非人間性を批判し、囚人への同情を喚起する傑作である。

しかし、刑務所の抑圧的な日課と処刑の厳しい現実に観客を引きこみながら、ストレートなリアリズム劇ではない。死刑囚は全く姿を見せないで、処刑に反応する囚人と看守の群像と、エピソードの脱線やおしゃべりの積み重ねによる、一見とりとめのない騒々しいドラマである。

そのため、締まりのない構成や粗野な人物が、深刻な主題を阻害すると非難されたり、リアリズムを離れる作風に、演出したJ・リトルウッドの悪影響を見出されたりする。

リトルウッドと関わる前に、ゲール語による『モウヒトツの縄ヒネリ』としてスタートし、演出家A・シンプソンによる改題と演出を経て、『変わり者』として、ダブリンの小劇場で初演にこぎつける。

だからシンプソン夫妻の「整理」や「カット」による構成や圧縮も問題になる作品であるが、シンプソンやリトルウッドの手がいかに加えられたにしろ、何よりもビーアンのすばらしい喜劇の才能を発揮していることは間違いない。

一日の始まりの第一幕、刑務所の煩わしい点検や掃除、決まりきった規律と日課の中で、囚人たちは自然に体制に組みこまれ、個性を奪われるが、二人の囚人の処刑を話題にし、社会の除け者のおどけた狂態で、最初からいわば倒錯した笑いを呼び起こす。

さまざまなタイプと罪状の囚人がいる中で、人生の大半を刑務所ですごす老囚人ダンラビンが、大きな便器を磨きながら登場し、「女房殺しは、俺たちの一番いい奴にも起こりうる自然なことだ。だが俺の左側の助平な人でなしは……」と、女房撲殺の死刑囚より、隣室の「性的倒錯者」を毛嫌いする冒頭から、滑稽な気晴らしを提供し、陽気で真剣なブラックユーモアを発揮する。

ダンラビンと仲間ネイバーのコンビが、リューマチと称して看守の治療を受ける間に、塗布されるメチルアルコールを盗み飲みしたり、聖書の「すばらしく薄い紙」がタバコ向きである「慰み」を話したり、若い囚人が女囚の洗濯物干しを盗み見するのを楽しむなど、世間の論理や価値を転倒させて笑わせ、あるいは酒や女への関心で、状況に屈しない生命力を見せる。

囚人たち独特の価値観や犯罪論を展開する、一連の滑稽な台詞や所作は、非情な無神経、あるいは獄中生活による倒錯に見えながら、常に二人の死刑囚の処刑か減刑かに好奇の想像が向くため、笑いは恐怖を避け、自己を保つ生存本能であり、真剣な批判や抵抗を隠す。

観客が徐々に悟るのは、ダンラビンや冗談を言っている他の囚人たちは、冷淡あるいはサディスティックにしているのではなく、わかりすぎている恐怖を避けるために、自由になる唯一の手段を使っていることである。近づく死を肉体的によくわかるから、それと戦って正気を保たなければならない。何とかして現実に直面しないようにする。冗談にし、賭けごとにし、儲け口にしようとしてでも、直面しないようにする。（C・カーニー）

しかし、処刑の切迫を隠そうとしながらも、常に時間の経過を意識するのは必然で、処刑の前例の話や執行前夜の準備が、ルーティーンの裏の残虐さ、処刑のプロセスの非人間性への思いを刺激していく。情報や皮肉や警句で場面をさらうダンラビンとネイバーの二人組のほかに、もう一人、次第に比重を増していくのは、囚人に同情的な看守リーガンである。偽善的な公僕意識とは違う、敏感な困惑と批判的反応で、同僚たちからは疑いの目を向けられながら、囚人には信望がある。

終身刑に減刑される女房殺しが、自殺を図る皮肉、ラストの兄弟殺しの「変わり者」の処刑と異なる首吊りで、第一幕が下りる。

兄弟殺しの処刑が近いことを示す第二幕、夕刻、「半ば掘り起こされた墓」が見える刑務所中庭で、陰うつな場面になるところだが、「俺たちは何かはしゃべってないと」「こんな宿の単調さを破ることなら何でも」と、囚人たちは一見相変らず軽薄である。

土壇場で執行延期になるかでベーコンの賭けをし、死刑囚最後の夕食の献立ての当てごっこをし、墓を笑いの種にして、「あそこの快適な花咲ける谷で、一、二カ月すれば奴で育つキャベツを、俺たちが食べることになる」と、老若、新旧の囚人たちが軽口を叩き合って、看守から「途方もない井戸端会議」と叱責されるほどである。

メチルアルコールで酩酊のダンラビンは、第一幕の生彩を欠き、ネイバーなど他の囚人や看守たちのアンサンブルが目立ってくる。しかし、死刑囚を「変わり者」、到着する死刑執行人を「かれ」と婉曲に表現しても、処刑が近づく緊張と苛立ちは避けられず、笑いの陰に恐怖が潜む。

処刑の早朝にかかる第三幕は、苦い喜劇のクライマックスで、死刑執行の儀式と所内の反応の対比によって、刑務所と死刑への作者の風刺と批判が一段と鋭くなる。

ほとんど執行する側の登場人物で、所長と看守長など法の番人たちが、仕事の瑣事や儀式の秩序にこだわる無神経や偽善を笑いの対象にする。

「俺たちがここにいるのは三つのため、給料と昇進と年金。俺たちのような公僕の心配はそれだけ」と言う看守たちの例外はリーガンで、義務と良心の間で迷い、疑問と皮肉、同情と軽蔑で、処刑のむごたらしさを暴き、看守長を動揺させる。

レバーを押しさえすれば万事オーケーという仕事を与えてもらえません。時には奴をつかまえ、落とし穴の端から蹴落とさねばならないのをお忘れです。首の骨をしっかり折るために、下にいる看守が脚にぶら下がり、落下が足りないと、背中に跳び乗ることを聞かれたことがないでしょう。

そして処刑は「税金を払い、選挙で投票するみんな」の「公費で続けられている」のだから、「ショー全体をクローク・パークで行うべきです」と「ほとんど叫んで」、観客を巻きこむ。

植民地時代の名残りで、処刑のためにイギリスから渡ってくるのは、仕事の前夜は酒に溺れる、パブの主人である執行人と、禁酒で謹厳な伝道者の助手である。

執行人が冗談をとばしながら、死刑囚の頭のサイズと体重を目測して、必要な縄の長さを計算するのと、助手が悔い改めと救いの聖歌をうたうのを交錯させる場面は、笑いと怖れをひき起こすギャロウズ・ヒューマー（直訳すれば、絞首台のユーモア）の最たるものである。

翌早朝の第二場、処刑の様子は見えないで、かえって緊張が高まる暗い場面であるが、死刑囚の絞首台への厳粛な歩みを、囚人たちは競馬の実況放送に擬して茶化す。しかし処刑の瞬間には一斉に「恐ろしい叫び声」を上げる――「この多弁な劇で言葉が役に立たなくなる瞬間で、囚人たちは仲間の死の瞬間に、もはや反応を明確に表現することができないで、その代わりに、怒り、悲しみ、絶望、抗議の混じった叫び声を上げる」（A・ローチ）。

そして、もはや笑いの余地は全くないと思われるところで、死刑囚の手紙を日曜紙に売ろうとする囚人たちの無情な賭けと、女囚たちを歌う独房からの卑猥な歌で幕になる。

世間から隔離された刑務所内部は、ルポルタージュ的興味があり、看守のお役所仕事や囚人の雑用など、内部のディテールが光る。

また絞首刑の手順が綿密に記され、体重による縄の長さの調節、塗油のための頭巾の切り口など、詳細な事前準備を突きつけて、観客を動揺させる。

人間性を奪う社会への義憤はあるが、公然と死刑に反対するプロパガンダ劇ではない。死刑囚を登場させず、処刑を見せないで、処刑を待つ間の囚人の道化ぶりと、看守の非情さに焦点を合わせることで、死刑制度への批判になっている。

自らは死刑判決を免れ、また獄中で死刑囚と親しくなったビーアンの作であっても、その鋭い観点とシリアスなテーマから予想される悲劇ではなく、冒瀆的な陽気さと無気味な活気に満ちた、いわば笑いで撃つ作風である。

近づく処刑を待つ状況にそぐわない。猥雑な滑稽と騒々しいヴァイタリティによる笑いと風刺のスタイルは、不条理な刑務所内部に見合い、観客の感情に訴えながらも、単純さに走らない、楽しめる劇にしている。


いくつものシリアスなテーマを扱うが、『変わり者』はユーモア、それも多くは陽気なユーモアに満ちている。しかし、ほとんどあらゆるユーモラスな台詞や場面に棘がある。巧みに述べられる洒落に自然と笑うが、笑っている最中に、痛みの存在に気づく。これが繰り返し起こり、観客は一連の出来事を楽しんでいる間に、自分と社会の偏見、気取り、先入観が、ありのままにさらけ出されるのに気づく。この劇を観ることは楽しくて辛い体験である。そこから力強い人生の肯定が生まれる。（Ｒ・Ｊ・ポーター）

さまざまな囚人と看守たちの軽薄な言動やおどけた騒ぎで、一見無秩序で散漫な構成であるが、『変わり者』は逆に、「引き締まって、ほとんど古典的に統一されている」（D・E・S・マクスウェル）とも言える。独房の囚人の刑務所暮らしの歌での開幕と閉幕。犯行と死刑が知られるだけで、最後まで姿を見せない死刑囚。処刑を意識して緊張する囚人たちと看守らのみの刑務所内部。処刑までの時間経過と舞台裏での執行による古典的三単一――クライマックスへの盛り上がりを間接的に見せる緊密な構成と計算の劇である。

その枠の中で、囚人たちの悪ふざけや看守たちのブラックユーモアに満ち、「ミュージックホールの滑稽な気晴らしの原則」（D・クローズ）による、騒々しくも真剣な笑いの棘をもつ、「コメディ・ドラマ」（副題）にしている。

死と笑いのコントラスト、同情と嘲笑の混合によって、アイルランドの笑いの特徴と伝統に通じる、悲喜劇、暗い喜劇、苦い笑いなど、不調和な組合わせの定義がよく当てはまる実例である。

海外に進出する際に、リトルウッド演出が歌や座興やアリュージョンを増幅したとしても、その手法がビーアンのドラマツルギーに合うから、合作が成功した。また、死刑が廃止されていく今日でも、人間と社会のメタファーとして、舞台がインパクトを失わない所以である。

オケイシーの「亡命」のあと、ジョンストンを除いて、実験性を失って低迷するアイルランド演劇に、ブレンダン・ビーアン旋風が駆けぬける。

特異なパーソナリティが話題を先行し、また不摂生のため、二、三の短篇劇を除いて、結局『変わり者』と、政治的処刑を扱う悲喜劇『人質』しか残さなかったが、この二作は、一九六〇年代、フリールやマーフィの登場によるアイルランド演劇再生までの空白を埋める、大きな存在である。ビーアン劇は、社会の現実と自己の体験に基づくところが多くても、本当らしい人物と、因果関係で筋道が通る、素朴なリアリズム劇ではない。

幼い頃から大衆劇場に出入りし、メロドラマやヴァラエティショーに馴れ親しんで感化される一方で、「俺の好きな作家はショーン・オケイシーと俺自身だ」と言って、同じ環境のオケイシーに親近感を抱くビーアンは、オケイシーが「笑いの威力、悪と戦う武器」を行使したのと似た意味で、人間と社会への洞察を、ダブリン下層社会の卑俗な言葉と、猥雑な笑いで鎧って、観客を撃つのをドラマツルギーの基本とする。『人質』の上演について語ることが、ビーアン自身の解説になる。

ジョーン・リトルウッドは俺と同じ演劇観で、つまりミュージックホールが目標で、人を楽しませ、人が退屈したらいつでも、歌や踊りで気を紛れさせる。T・S・エリオットが言ったことはそう間違っていないと常々考えている。つまり、今日の劇作家の主たる問題は、観客を楽しませておくことで、観客が大笑いしている間に、その背後でどんなことでもできる。そして背後でやっていることこそ、劇を優れたものにするんだ。

『変わり者』と『人質』はかなり異質ではあるが、この手法は共通で、人間の実態や社会の現実に対する批判や憤りを、笑いや風刺によって表現し、ギャグや脱線に満ちたドタバタ喜劇や、歌や踊りの混じったヴァラエティのような、横溢する笑いの中で、悲劇に直面する人間性を捉え、観客は笑っているうちに、不条理な状況や犠牲者の苦しみへの理解と同情に導かれる。

二作とも自らのＩＲＡ活動と入獄体験を素材とし、犠牲者の死と生存者へのその影響に焦点を合わせる、シリアス劇でありながら、荒っぽい笑いと猥雑な滑稽が漲る、騒々しいアナーキーの世界である。

笑いで撃ち、麻痺した感覚に衝撃を与える手法は、不条理劇の側面をもつが、死を喜劇で扱う不調和のドラマは、アイルランドの悲喜劇の伝統で捉える方がふさわしい。

大勢のアウトカストの登場と、その生き生きした台詞による、現実感あふれる作風には、ビーアンの「生得の暖かさと人間性」（シンプソン）が見られ、だから生命力の勝ち誇る笑いでもあり、ビーアンのすばらしい持ち味である。

６. ベケット『ゴドーを待ちながら』

近代劇のリアリズムの典型をイプセン劇とするなら、現代劇の反リアリズムはベケット劇が代表する。イプセンの『人形の家』や『幽霊』が、その主題で社会に衝撃を与えたのと違って、明確な筋や具体的な人物像を欠くベケット劇は、近代劇の約束事とはラディカルに異なるスタイルの前衛劇で、その後の世界の演劇に大きな影響を及ぼす。

サミュエル・ベケット（一九〇六―八九）の代表作『ゴドーを待ちながら』（一九五五、パイク劇場）は、「なにも起きない、だれも来ない、だれも行かない」不思議な作品で、現れないゴドーを路傍でいつまでも待ち続ける、二人の道化的浮浪者の無為の暇つぶしが、劇行為なのか、またどんな意味をもつのか、戸惑うしかない。

第一幕、「田舎道、一本の木、夕暮れ」の裸舞台で、ウラジーミルとエストラゴンがゴドー氏を待つ。ゴドーが何者か、何を頼んだのか、また約束の日時や場所が正しいのかさえ、何ひとつ確かでない不安の中で、とにかく現状から救ってくれるはずのゴドーを待ち続ける。その無聊を慰めるために、たわいのない会話や意味のない動作を繰り返すだけである。

ウラジーミル　さてと、どうしようか。
エストラゴン　なにもしないでおこう。そのほうが安全さ。
ウラジーミル　かれがどう言うか待ってみよう。
エストラゴン　だれが。
ウラジーミル　ゴドーさ。
エストラゴン　いいね。
ウラジーミル　待っておれたちの立場をしっかり知ろう。
エストラゴン　逆に好機は逃がさないのがいいのかも。
ウラジーミル　かれがなにを与えてくれるのか聞きたい。それからどっちかにしよう。
エストラゴン　正確にはなにを頼んだのさ。
ウラジーミル　その場にいたじゃないか。
エストラゴン　聞いてなかったのかな。
ウラジーミル　ああ……別にはっきりしたことじゃない。
エストラゴン　祈りみたいな。
ウラジーミル　そのとおり。
エストラゴン　あいまいな嘆願か。
ウラジーミル　まったく。

エストラゴン　それで返事は。
ウラジーミル　会うって。
エストラゴン　なにも約束できないって。
ウラジーミル　考えなきゃならんて。

待つうちに、土地の地主ポッツォが、首にロープをつながれた奴隷ラッキーを、市場で売る途中で現れる。主人の命令でラッキーが「考え」を口にすると、人間と神に関わるらしい、とてつもなく長く、意味不明の思考の披露で、帽子を脱がされてやっと止まる。

ゴドーかと思った主従の脇筋のあと、急に夜になり、少年が一人現れて、「ゴドーさんは今晩は来られないけれど、明日はきっと来るって」と伝言する。待っていた二人は首吊りを思いついても、ロープがなく、別れた方がいいのではと思っても、一緒に身動きしない幕になる。

第二幕、「翌日、同じ時刻、同じ場所」であるが、「木は四、五枚の葉をつけている」。ゴドーを待つ二人が同じような会話と動作を繰り返すが、第一幕より短かく、いっそうの展望のなさである。再び現れる主従はなぜか、ポッツォは目が見えず、ラッキーは口が利けない。また少年が同じメッセージを伝えにくる。二人は首吊りを試みるが紐が切れ、身動きしない幕切れになる。

靴を脱げないエストラゴンが「どうしようもない」と喘ぐ開幕から、二人が「行こう」「行けない」「なぜ」「ゴドーを待ってるから」「ああ」のやりとりを何度も繰り返しながら、身動きしない終幕まで、進展も結末もなく、機械的に繰り返される、静止のパターンに思われる。

二人の道化はとうてい当代の人間とは言いがたく、主従の二人は一夜にして目や口の自由を失い、使者の少年は同じに見えるのに違うと答える。各自の実体もその認識も不確かである。不毛の裸の木が「翌日」葉をつけて、時間の経過も不思議である。

リアリズムやコンヴェンションを破って、人物造形やプロット、葛藤やロジックを欠く、あいまいな不確かさは、「私の劇のキーワードは〈ひょっとすると〉である」と作者が言うとおりである。

何よりもゴドー氏の正体が謎である。タイトルに名があり、二人が常に話題にして、今にも現れそうなゴドーが、最後まで登場しない。観客はその登場を今か次かと待ち構え、ポッツォがそうではないかと間違え、途中からゴドーは現れないのではと疑う。ウラジーミルの救済と平安の期待に釣られながらも、ゴドーが来る可能性と来ない予感のジレンマで、ゴドーは実在せず、二人の願望を投影する作りごとではないかと感じてくる。だからゴドーが何者かわかれば、すべては解決するのではと思う。

謎に対する最も手っ取り早い鍵は、綴字と発音からの類推である。意図的であろうとなかろうと、Godot から God を連想するのは避けられず、しかも God の指小語、あるいは God と not の合成語として、決して姿を見せないゴドーは、救いや恩寵をもたらす神ないし超越者の不在を表し、裏返せば、当てのない不確かな救済を待ち続け、現実から逃避する人間のオプティミズムに対する批判や懐疑と取れる。

「一本の木」のイメージや福音書への言及など、キリスト教的寓意を暗示するが、一貫した思想や比喩でなく、作者は「キリスト教は私がよく知る神話だから、当然使用するだけ」と答え、実際、恩寵による救いとは逆に、訳のわからない恐れや罰を暗示もする。

ほとんどの作品で終末や死を扱うベケットだから、ゴドーはむしろ死と考えることもできる。人間の一生は、生きる証と意味を求めても、死を待ちながら生きる宿命であり、その絶対的な確実さとむなしさの中で、死の恐怖を紛らすことを繰り返す。習慣や無鉄砲、努力や戯れで、生まれ落ちた不条理を逃れたり、死を意識せずにおこうとするが、死も死後も人知の及ばないことである。

情深い地主の救いを待つと単純に考えることも、あるいはドイツ占領下のフランスで、レジスタンスの指令を待つと、「ゲシュタポのテーマ」（H・ケナー）を隠す仮説を立てることもできるかもしれないが、注意深くあいまいにされたコンテクストから、ゴドーの存在と正体は不明で、確実なことは何ひとつわからない謎である。

二人の浮浪者がゴドーを待つのを終えるには、死ぬか、少くとも夜の休息を待つしかなく、観客が待つのを止めるには、芝居がはねるしかない。

一緒にゴドーを待ちながら、ゴドーの正体のサスペンスにさらされる観客は、やがて、決まった答えのない問いを、一つの解釈に限定するのも、逆に抽象化するのも誤りで、ゴドーをあいまいな不思議にしたことこそ作者の手柄であり、宗教や思想などさまざまなレベルの解釈を許す、「意味より機能」（M・ウォートン）をもたせる、作者の必然であると考えるようになる。

登場人物の言動から、人間の存在に関するアレゴリーや寓意を読みこむ誘惑に駆られるが、ゴドーについて問われる作者は、「もしわかっていたら、作品でそう言っただろう」と煙幕を張り、「ずっと定義を避けようとしている劇を、アレゴリーや象徴で解釈しようとする」批評家や世間の「基本的誤解」を注意する。主人公の二人もゴドーが誰であるかはあまり問題にしない。

『ゴドーを待ちながら』は戦中戦後の混乱――既成価値の喪失による虚無感や、神の死による実存的苦悩や、人間存在の不条理意識など、将来の方向を見失った現代人の混沌や矛盾と関わるのは否定できず、救われるイリュージョンで現実を避けようとする、展望のない暗い作品と見なされかねない。

また、何かを待って生きるのは人間一般の常態であり、『ゴドーを待ちながら』はゴドーの正体よりも、待つことに比重を置き、習慣的に待つパターンを繰り返す無為な暇つぶしの、退屈な、結末のない劇とも考えられる。

しかし、演劇の基本はプレイであるとすると、『ゴドーを待ちながら』は極めて演劇意識が強くて、プレイやゲームに満ち、またウィットやユーモアの笑いが絶えない喜劇でもある。

「なにも起きない」静かな劇であるどころか、ゴドーを待つ暇を紛らす二人は、非常な量の即興的動作をし、その際の歩き方や舞台の使い方まで、厳格なト書で指示される。

「おれたちは存在しているという印象を与えるなにかを、いつも見つける」とエストラゴンが言い、「楽しい時間は飛ぶようにすぎる」とウラジーミルが認めるように、二人は尻餅をついたり、ズボンをずり落としたり、帽子を取りかえたり、堂々めぐりの歌をうたったり、片脚で木のふりをしたり、大忙しである。

ストレートな進行を妨げる脱線、中断、繰り返し、くい違いのあらゆるプレイで、サーカスの道化やミュージックホールのコメディアンの効果を狙う、ドタバタ劇で、退屈や憂うつどころではない。

また劇場、役者を意識した、メタシアトリカルなプレイでも笑わせる。

ウラジーミル　おれたちは囲まれた。（エストラゴン奥へダッシュ）ばか！　そっちに出口はない。（エストラゴンの腕を取り、前方に引っぱっていく。前方を指して）そら！　一人も見えない！　行くんだ。早く！（エストラゴンを客席の方に押す。エストラゴン恐怖でひるむ）行かないのか？（客席をじっと見る）まあ、わかるがね。

尿意の近いウラジーミルが舞台袖に急ぐと、「廊下の奥、左手だよ」「席を取っといてくれ」の会話になり、居場所を尋ねるポッツォは、「ひょっとして板《ボード》という所じゃないか」と演劇用語を用いる。

現実的な登場人物ではないが、対比的補完的に特徴づけられている。考え深くて心配症のウラジーミル、短気で無愛想なエストラゴン、勿体ぶる自己本位のポッツォ、そして臆病で卑屈なラッキーと、一応の区別は可能である。

だが、それぞれに孤独や悩みを共有しながらも、内面的個性より外面的類型の特徴で、反発しながら離れられない友情関係と、サドマゾ的ながら相互に依存する主従関係以上の人物造形ではなく、対照的な組合わせ、異質なバランスの面白さである。

台詞も、ラッキーの狂気の長広舌のモノローグ以外は、たいてい日常の言葉による平明な掛合いの会話であるが、非論理や矛盾、誤解や修正、打消しやためらい、繰返しや混同、言葉遊びや沈黙など、成り立たないコミュニケーションで観客を呆れさせ、おかしがらせる。

誰の台詞であるかは大した区別でなく、互換さえできる。情報の伝達や意志の疎通が容易でない、即興的に聞こえる、プレイする台詞である。

むしろ所作の方が個性的具体的であるが、ゴドーを待つ素朴な動作が、脈絡や展開を欠きながらも、繰返しやバランスでリズムをなし、沈黙や間が頻発して、台詞と所作のギャップが効果的である。

『ゴドーを待ちながら』は、台詞も所作も、テンポもトーンも、繰返しも変化も、バランスもコントラストも、すべて無為無策の結果ではなく、アドリブを許さない厳しいコントロールで、構成の確かな、均整のとれた様式劇である。ひたすら「待つ」ことを、いつまでも続くサイクルと明確な舞台イメージと日常語の詩で表現する、形而上学的な悲喜劇である。

元々、英語による装飾ないしリリシムズの誘惑を避け、外国語の規律のため、フランス語で書かれ、パリで初演された（一九五三、バビロン劇場）が、英語版にのみある副題「二幕の悲喜劇」が示唆するように、アイルランド演劇伝統の悲喜劇として、人間の条件の真剣で滑稽な悲喜劇として捉えるのがふさわしい、いつでも新しい作品である。


独立後の保守的なアイルランドを逃れて、外国住まいした作家は多い。いわゆる不条理劇を代表するサミュエル・ベケットも、むしろフランスの文脈で考えられる作家であるが、風景、人物、言葉、歴史などでアイルランド色も見せ、アイルランド演劇をヨーロッパの前衛劇に結びつける。

ベケットにとって『ゴドーを待ちながら』は、「その頃書いていたとてもひどい散文から逃れる息抜き」となり、それ以後、両方のジャンルを交錯させながら、小説より劇作に向かうことが多くなる。

小説「三部作」の『モロイ』『マローンは死ぬ』『名づけえぬもの』の主人公たちは、作家の肖像であり、人間の異常な姿でもある。

「さてどこだ、さていつだ、さてだれだ?」で始まる『名づけえぬもの』は、「呪われた一人称」のモノローグによる、自己探求あるいは自意識からの逃避がたどりつく、カオスあるいは虚無で、ベケット小説の極点を示す。

小説の「放埒と無慈悲」から逃れるのは、『ゴドーを待ちながら』の初演と『勝負の終わり』の完成をもってで、演劇の季節が始まる。

ベケット劇はまず三様の形を示す。台詞と所作による舞台劇『勝負の終わり』、言葉を全く使わないパントマイム『言葉なき行為』、そして音声のみのラジオドラマ『すべて倒れんとする者』であり、いずれも小説と言葉の行きづまりへの解決策になる。

しかし、終末論的な閉所世界を示唆する『勝負の終わり』は、『ゴドーを待ちながら』と比べて、即興性、道化的要素が少なく、極めて実験的である。不条理なタンタロス的状況に翻弄される男の、「台詞なき芝居」は、シャレードに縮まる。そして不毛と老齢と死の人間的苦しみを表すラジオ劇は、ベケットの舞台劇より劇的である。

思い出や想像にふける内的独白のベケット劇は、再び小説の単一の声に収斂していき、小説との違いをほとんど失う。結局ベケット劇は、小説の袋小路から逃れる面と、小説に近づく面をもち、いったんは他者や対話と関わりながら、その小説のように、語り手の内なる声、頭蓋の独白の断片に縮小していく。

だが、ほとんど孤独な老人のモノドラマであるが、内的独白あるいはひとり言に、聞き手を配置し、外力を想定し、あるいは機器を応用して、劇的モノローグにする。ベケット劇は形式、メカニズムに比重を移し、モノローグと沈黙の関わりを、驚くべき独創性と必然性で展開する。

『クラップの最後のテープ』では、新しい機器のテープレコーダーが心の働きをして、誕生日ごとのテープがクラップを二重三重に示す、見事なひとり芝居である。

『幸せな日々』は、小山に埋もれる初老のウィニーが、身繕いの仕草を続け、ほとんど反応がなく姿を見せない夫にしゃべり通す、明確な視覚的イメージの舞台劇になる。

『芝居』の骨壺の三人の男女は、生前の欺瞞に満ちた三角関係を、スポットライトの指示に半ば従い半ば反抗しながら、単調な断片で果てしなく反復する。

ベケット劇で、最後まで正体不明の、強制する外力は、神、作者、演出家などを連想させる一方で、主人公の頭蓋に源をもつ自意識、内なる声にもなる。『幸せな日々』の「耳をつんざく」ベル、『芝居』の「審問官」のようなスポットライトなどは、意識の覚醒を促し、記憶を呼びさまし、罪の告白を強いて、主人公からモノローグを引き出す仕掛けである。

「安物の地獄」の頭の追想や物語は、「考えないため」「聞かないため」で、「一日をすごすのを助ける」単なるおしゃべり、あるいは存在の悪夢に追いつめられる狂気が生み出す幻想である。

ベケット劇の声の究極のイメージとも言える『わたしじゃない』で、闇の中空に浮かぶ「口」が猛然と吐き出す言葉は、愛のない辛い人生を「わたしじゃない」と三人称で繰り返す。『ロッカバイ』の揺り椅子の老女は、録音された自らの追憶の声を、椅子の揺れに合わせて繰り返し聞く。

ウィニーが思い出す名文句、「この上なく厳しい悲痛のまっただ中での狂い笑い」に満ちるベケット劇は、言葉の瓦解による空疎なモノローグによるが、悪夢的な自意識に悩まされる呻き声でありながら、ブラックユーモア、残酷な笑い、滑稽な悲惨、グロテスクな不条理が漂う、パラドクシカルな喜劇でもあり、そのためにミュージックホールやサーカスの手法も活かす。

しかし、「肉体を取り除かれた知能の骸骨」（J・スパーリング）のベケット劇は、身動きは不自由に、言葉も断片になる。演劇の可能性を極端に削いで、現実との関わりを省き、頭の中の声、内面の意識だけのモノローグ劇で、小説の断片のような寸劇になり、ジャンルもあいまいで、限りなく静止と沈黙の終末の世界に近づく。強烈なイメージは残すものの、舞台劇としてはその先がない、行き止まりである。それこそベケットの目指すところであるとしても、表現者としてそれが成功なのか失敗なのか、答えは簡単でない。

7．フリール『さあ行くぞ、フィラデルフィア！』

アイルランド人の離郷と望郷の心情を、リリシズムとユーモアのある斬新な手法で展開する、ブライアン・フリール（一九二九―二〇一五）の『さあ行くぞ、フィラデルフィア！』（一九六四、ゲイエティ劇場）は、今日のアイルランド演劇の出発点となる画期的作品である。

アイルランド変革期の一九六〇年代、フリールの架空の「小さな町」バリベーグは、「泥沼、淀み、行き止まり」の貧困と停滞を示す。因襲の束縛、宗教の抑圧、文化の不毛による、孤独で退屈な生活で、精神的にも肉体的にも欲求不満を強いる。将来性のない田舎町であり、それに絶望し、反発する若者が、移民に捌け口を求めるのはやむをえない。個人的怒りや嫌悪からでなく、時代と社会と関わる選択である。「特に移民問題と関連するとは思わない」と作者は否定的であるが、いろいろな意味で貧しい地域社会の状況と、そこに閉じこめられる孤独な魂の分析で、アイルランド特有のアメリカ移民の劇になる。

ささやかな雑貨商を営む父親と二人暮らしで、先の見通しもなく店を手伝う青年ガーが、フィラデルフィアに旅立つ前夜から早朝の出発までの約八時間を、三つの「エピソード」（最後のエピソードは二部）で時間を順に追いながら、過去の追憶と将来の夢が絡まり、気持が揺れ分裂するガーの内面の劇になる。

冒頭「喜びと興奮で有頂天の」主人公が、憧れの現代社会アメリカに渡航して、ホテル王、政治家、スポーツ選手、音楽家などとして活躍する夢想、金と女の突飛な成功と名声のはしゃぎで開幕する。

しかしそれは、アメリカン・ドリームというより、むしろ現状を逃れようとするガーの見せかけの陶酔にすぎず、無邪気と不安のファンタジーであることが、時間の経過で徐々に明らかになる。

生きる喜びのない土地柄と家庭で、無気力な生活を余儀なくされてきたガーの渡米の決心は、積極的な自立と成長の志向からではなく、また明るい展望が開かれているのでもない。むしろ満たされない心情、矛盾した内的葛藤の結果である。

ガーの周辺にいるのは、社会の柱としての自信も威厳も欠く、無力な神父と教師である。毎晩のように父にチェッカーの勝負を挑みに寄る神父は、ガーを全く理解せず、かつて母と交際し、ガーも教わった教師は、酒呑みの敗残者で、ともに古い世代の見本にすぎない。そして未熟な友人たちは、女の誘惑話を自慢しながら、実際は欲求不満の童貞男である。

これらの人々の来訪で、かえって意志の通じないギャップを意識するガーは、疎外感で孤独を味わう。

唯一の光明は、恋人ケイトとの結婚だったが、父からの給料アップも、父には内緒の卵の取引も大して期待できず、独立には程遠い経済的不如意が枷となる。

社会的立場の劣等感もあり、上院議員のケイトの父との面談にうろたえ、娘を青年医師に嫁がせようとする目論見を知って、逃げ帰り、結婚の申しこみを断念するしかなかった。

その失意をほとんど直接の契機として、ケイトの挙式当日、父親はその結婚式で留守中に、たまたまアメリカから来訪した伯母――母国に感傷的で、子供がなく功利的な、「愚かで性急な」リジーに招かれ、計画されるままに、フィラデルフィアでホテルの仕事に就き、夜学に通うことに決めた経緯がわかってくる。だから解放と新生の期待よりも、離れる郷里への愛着に心が揺れるのも、またケイトが送別に訪れて、その父親との屈辱的な会見と、ケイトの医師との挙式が、「内的フラッシュバック」（N・コーコラン）の重要なエピソードになるのも無理はない。

母親はガーを出産した直後に亡くなり、他人から伝わる姿から想像すると、やさしく自由な幻の人である。母親代わりで、父との間に介在する家事手伝いのマッジとは心を通わすが、ガーの最も強い心理的葛藤は、父との「互いに気まずい」関係である。

マッジに助けられて、乳幼児からガーを育て、店を営みながら、地元の議員も務める父親は、むっつりして打ち解けず、無味乾燥な仕事のことでしかコミュニケーションが成り立たない。

心のつながりのない父子は、互いに愛情や理解の感情を口にすることがなく、マッジは「ここのおしゃべりは人を黙らせるわ、この家もやがて静かになるんじゃない」と皮肉る。

出発前夜も店を手伝わせ、食卓での話題は店の鼠であり、渡米を思いとどまらせようともしない父親を、ガーも見下しながら、気持は揺らぐ。

フリールは作品を、「ある種の愛情――父と息子、息子と故郷の愛情の分析」と説明している。実際ガーがすべての愛情でしくじるドラマである。

出発までの一夜の直線的な時間の流れの中で、主人公の心の動き以外に、ストーリーや出来事の大きな展開がない、内面の劇を、生き生きとしたドラマにするのは、ガーをパブリック（外面、客観）と、プライベート（内面、主観）に二分し、二人の役者に演じ分けさせて、「同一人の二つの見え方」として、舞台に現前させる技法で、冒頭のト書が説明する。

パブリック・ガーは、人々が見たり、話しかけたり、話題にしたりするガーである。プライベート・ガーは、目に見えない者、内なる者、良心、他我、ひそかな考え、イドである。

プライベート・ガーは魂で、常に誰にも見えない。パブリック・ガー以外、誰もその話すのが聞こえない。しかしパブリック・ガーでさえ、時々プライベート・ガーに話しかけるものの、決して見えなくて、決してその方を見ない。人は自分の他我を見ることはできない。

パブリックの心の内を視覚化し、人格化するプライベートは、周囲の人々には存在しないが、観客は両者を見聞できる約束事によって、自分を言葉で表現できない内気なガーの思い、過去の回想と将来への夢想が交錯する内的独白に、ダイナミズムが生まれることになる。

本来コミュニケーションを欠く家庭と社会で、他人と交わる現実世界のパブリックとのコントラストで、主人公の心の葛藤、自我の分裂、建前と本音の矛盾を観客に伝える、内的自問自答の舞台化である。

舞台は、人々が出入りする台所と、ガーの寝室と、自由な空間の前舞台と、三カ所の複合舞台で、特に寝室は、プライベートに肉体と声を与えて、パブリックと話し合う場になる。パブリックが「寝室に入り、ベッドに身を投げ出し、両手に頭を休め、天井を見る」と、プライベートが現れ、二人の掛合いが始まる。

「舞台をイリュージョン、お芝居、見せかけの場とする、デリケートな使用」（キルロイ）で、現実の表相にとどまらず、主人公の内面を、感傷を抑えてヴィヴィッドに表現する。

主人公の二分、空間の三分、そして過去も未来も包む柔軟な時間で、短い場面による構成がスムーズに流れる。それによって、基本的にはリアリスティックな台詞に頼りながら、音楽と照明に助けられて、情感のあふれるドラマになる。

実態は平凡な青年ガーの、孤独と疎外での内心の葛藤や矛盾、主観的な追憶や夢想を具体的に見せる、分身のコンビは、観客の感情同化を誘い、ペーソスや感傷に導く一方で、離郷を不可避にする時代や社会の客観的状況も説明し、特にプライベートのシニカルな批評で、同化や単純化を阻む異化効果をもつことになる。「プライベートはガーの現実よりも、ガーの可能性」（G・オブライエン）で、人格の統一には両者の隔たりが大きすぎるとしても、「心の闇を見せ、沈黙をしゃべらせる」（E・アンドルーズ）分身二人の登場は、独白や傍白に代わる、鮮やかな演劇的手法である。

プライベートは、その多弁な割りこみや、別人のような皮肉で、狂言回しの語り手、あるいは虚偽の暴露者になり、ほろ苦い喜劇の源となる。

ガーが父親とほとんど沈黙の中で食事をする場面で、父親の身なりをファッションショーのようにコメントし、その「夜ごとの所作」を予測してからかったり、神父とのチェッカーの勝負を、勇者の死闘のように表現したり、友人たちが自慢する恋のアヴァンチュールが、誇張と嘘にすぎないことを漏らしたり、ファース的な滑稽や皮肉な笑いが、憂うつや悲しみと混在する、悲喜劇になる。現実の暴露と、絶望の離郷で、

「本当は怒りの劇」が、絶えず笑いを喚び起こす。

気持がつながらない父との最後の綱として、ガーが口にするのは、父との最も親密な思い出、幼い頃二人で釣りをした夏の日のことであるが、記憶にないとあっさり否定される。

幻想を抱くのも、打ちのめされるのも、大学中退の二五歳の青年とは思われない、あどけない感傷であるが、離郷が迫る葛藤による、心情の増幅だろう。

一方、父親の方でも、小学生のガーが、仕事を手伝うと言い張って、学校へ行こうとしなかった思い出を大切にしていたが、ガーに直接打ち明けず、話したマッジに否認される。

父子の思い出は、ともに間違いか幻想かわからず、二人はマッジが「旦那がガーの年頃にはガーそっくりで……ガーが今の旦那の年になれば、そっくりになる」とからかう「瓜二つ」である。

こうして疎外感と孤独感、不安と後悔で、故郷を離れ移民しようとする青年ガーが、「ひどくみじめにされる追憶とイメージと印象を集めて」、あるいはむしろ、「その追憶だけ……粗野なところはすべて純化されて、残るのは貴重な貴重な黄金になる」、家族と郷里への愛着で、出発することになる。

しかし、「すべては終わった」という過去の追憶と、「すべてはこれから始まる」という未来のファンタジーの間で、「なぜ行かなきゃならないのか」「俺にはわからない」と最後まで迷わざるをえないガーは、「アイルランド演劇の新しいアンチヒーローである」（C・マレー）。現代アイルランドでエグザイルのガーが、渡米で解放されるかわからない、ジレンマのままでの出発となる。

外的リアリズムの制約を破る、柔軟な舞台構成と人物の登退場と時間処理で、現実と夢想の交錯、感情の揺れ、意識の流れを表現し、「内容と形式の完全な合致」（N・ジョーンズ）で、『さあ行くぞ、フィラデルフィア！』は、アイルランドの状況とアイルランド人の心理に迫る名作である。

紛争のデリーと周縁のドニゴールを背景にもつ、架空のバリベーグにアイルランドを象徴させるブライアン・フリールの劇は、基本的にはアイルランド演劇に多い、リアリズムの枠を守る台詞劇でありながら、客観的現実のイリュージョンを破る技法の実験が目立つ。「新作の難問はその形式から生じる」と認めるフリールは、根底にある「伝達できないことの重荷」あるいは「コミュニケーションの失敗」という思想を、舞台上で克服する新機軸、創意に富む劇的技法で見せる。そして舞台を客席に伝える手法が主題とかみ合う時、知的複雑さと詩的ヴィジョンが重なるフリール劇は、アイルランドを越える魅力をもち、シングやオケイシーに劣らない評価を得る。

出世作『さあ行くぞ、フィラデルフィア！』と、離郷と帰郷の主題でペアとなる『キャス・マガイアの愛』のあと、劇作のモチーフを、人物の内的葛藤から社会的現実に移行させたのは、悪化する北アイルランド情勢で、『デリーの名誉市民権』で紛争の分岐点となる「血の日曜日」事件を扱う一方、現今のダブリンの開発論争に拠る『志願者たち』は、首都の考古学的発掘を南の問題のメタファーとし、歴史によるダブル・ヴィジョンの現代劇にする。

ＰＫＯから帰還する中佐が、留守中の若い後妻と息子の関係を知って自殺する、メロドラマ的ストーリーの『住まい』は、追憶劇の変形で、メタシアターの心理劇になる。

末娘の結婚式が、当主の急死で急拠葬儀になる、一家の再会を扱う『名門』は、「アイルランドのチェーホフ」と称されるフリールにふさわしく、矛盾する要素が併存するチェーホフ劇の反響が聞こえる、悲喜劇の佳作である。

南北アイルランドの現状打破を目指して立ち上げた、フィールド・デイ劇団の旗上げ公演の『翻訳』は、一九世紀イギリスによる土地測量と国民学校の導入を扱う歴史劇で、その結果衰退するアイルランド語も英語で表す、意表をつく趣向を示す。

エリザベス朝に遡る『歴史をつくる』は、最後のゲール領主の公私の出来事を軸に、事蹟と記述の二重の意味で、「歴史をつくる」プロセスと、歴史の「真実」をめぐる抗争をテーマとする、メタヒストリー劇である。しかしフリールは、一方的に社会性に傾いたわけではなく、内面の劇とコミュニケーションの工夫が続く。

特殊な主題の『霊感療法師』は、妻とマネージャーとの三人が別々に客席に語る、四つのモノローグからなる構成で、語りの食い違いから、たえず修正を迫られて、観客の積極的な参加を要する追憶劇である。

作家の仕事への不安や疑問を反映する主題は、霊感療法だけでなく、『さあ、答えてくれ！』の作家はもちろん、同じ趣向の『モリー・スウィニー』の盲目の治療や、初期の旅回り芸人『クリスタルとフォックス』にも当てはまり、フリールを一貫する。

作者の母親姉妹五人をノスタルジーをこめて活写する追憶劇『ルーナサの踊り』は、姉妹たちが台所と庭で狂ったように踊り続けるシーンが圧巻である。台詞を重視してきたフリールが、音楽と踊りで、姉妹たちの秘めた内面、抑圧からの解放を、力強く表現して効果的であるだけでなく、自伝的な語り手のリリカルな台詞が、崩壊していく貧しい一家に、抒情的な輝き、詩的な雰囲気を与える、傑作である。

兄妹、不倫関係を含む三組の中流の中年夫婦のアンサンブル劇『ワンダフル・テネシー』は、バリベーグの桟橋から「神秘の島」へ渡ろうとして、船頭が来ないため果たせない一昼夜を扱う、異色作である。賑やかな雰囲気とは裏腹に、それぞれの魂の孤独、不安、苦悩の声が聞こえる、瞑想的で静かな劇である。寓意的な巡礼、異教的な儀式のドラマで、成功作とは言えないとしても、「言葉を越えること、音楽に表せないもの」を濃厚にもって、心奥に響く。

結局フリール劇の魅力は、内面の劇と現実の世界との共鳴、アイルランド固有の問題と普遍的な人々との結びつきを可能にする「言語劇」（R・カーニー）にある。

二つの国への分裂や二つの国語など、政治・経済、宗教・文化のあらゆる面で、価値観が対立するアイルランドの作家として、フリールは劇のコミュニケーションに関心が強い。

真実が一つではありえず、表現が多様になる国で、語り手によるドラマへの介入や、出来事そのものより追憶のフィルターなどの実験が目立つ所以である。劇行為を一つの視点で客観的に提示できない、真実の複数性への対応、複眼的視点からの、数々の技法の創意工夫が特徴である。

8. マーフィ『バリヤガンガーラ』

アイルランド演劇の源流にある、ストーリーテリングの構造で、現代アイルランド人の「魂の飢餓」と、その救済の可能性を語るトム・マーフィ（一九三五―）の『バリヤガンガーラ』（一九八五、ドルイド劇場）は、主題でも手法でも伝統と革新を融合させて、マーフィ劇の集大成となる傑作である。

「一九八四年、わらぶきの家の台所」に設定し、老耄の祖母モモーと中年の孫娘たちメアリーとドリーの三人だけの登場で、一見、酷しいアイルランド西部の単純にリアリスティックな劇であるが、三〇年あまり前の「僻遠の村のパブ兼よろず屋」での出来事を、民話的語り、あるいは劇中劇として内包するため、二つの時代、二つの場所、二つの劇が混淆し、影の人物が大勢登場する、複雑な構造の劇である。

舞台を占める台所のダブルベッドで、モモーが、世話するメアリーを孫娘と認識できずに、昔の小さな孫たちにお伽話を話すように語り始める――「さあ坐るんだ、おまえたち、これを食べてから、今晩はいい話を聞かせるぞ。いい話だ、それから寝るんだよ」。

グロテスクでパセティックな老婆が、中断と逸脱のため、断片的断続的に、行きつ戻りつして、いつまでも終わらずに話す。時には支離滅裂、時には直截簡明、またストーリーテリングのように、レトレックや詩語も駆使する、とりとめのない話は、独り言とも民話とも思えるが、自分の家族の昔の悲話を語っていることが徐々にわかってくる。

ある夫婦がクリスマスの旅商いに出た帰途、家では三人の幼い孫が留守番をして、二人の帰宅を待ちわびているのを気にしながらも、悪天候のため回わり道して、途中でボフトンのパブに立ち寄る。夫は村一番の笑い手コステロに挑んで、笑いのコンテストに興じ、相手が笑いすぎて死ぬ。夫婦が遅くなって帰宅すると、孫のトムが灯油の火災で死んでいて、傷心と後悔の夫も続いて死ぬ、という悲話である。「バリャガンガーラの物語とその名の由来」（副題）で、ボフトン（貧しい人）が、どうしてバリャガンガーラ（笑いのない町）に変わり、大人が笑えなくなったか、の由来譚ないし寓意話である。

モモーは耄碌した意識で、夫婦を「よその男」と「よその女房」、あるいは「ちゃんとした男」と「ちゃんとした嫁」と、他人事のように三人称で語り、すべての役を語り分けて、フィクションの距離を保とうとしながら、時にふと一人称が口に出て、留守番の孫をメアリー、ドリー、トムと実名にして、胸の内をあらわにしてしまう。

トムと夫の悲劇の元凶としてのモモーの罪意識から、語らざるをえない強迫観念であり、悲しみと後悔のために、自分の話にできない。しかも死ぬ前にことの真相を語り聞かせて、心の重荷を下ろそうとしながら、結末に達するのが苦しくて引き延ばす。

かつて祖母の面倒を見たドリーも、いま世話するメアリーも、空で言えるほど何度も聞かされた話で、モモーがつかえると口添えするほどだが、その介入を遮って、あるところから先には進まないため、悲話の結末を知らず、どこまで自分たちと関係するのか不確かである。

観客はなおさら、初めのうちは何の話かわからず、一度に充分に語られずに繰り返されることを、つなぎ合わせて組み立てなければならないが、やがてモモー一家の実話であることに気づくようになる。同じ話を繰り返すモモーのオブセションを感じとるメアリーは、完結させることが祖母のトラウマからの解放になると思って誘導していき、モモーはそれまで語ることがなかった結末を語り始める。

笑いのコンテストは、作者がほぼ同時期に『クリスマス泥棒――バリャガンガーラの名の由来の真実』として別にドラマ化する。貧しい農民たちに比重を置く、コンテストの実況の悲喜劇である。

一見たわいもない笑いの競技が、村人の希望のない経済状態と関連して、真剣になっていく。パブに集まる大勢の村人によってわかるのは、パブの主人との賭けに操られて、借金のかたに土地を奪われる農民たちの逼迫であり、クリスマスの接近によるその深刻さである。

『バリャガンガーラ』は、『クリスマス泥棒』の現在進行形の現場を追憶の語りに変えるため、語り手モモーの意中が支配的になる。

いったん止めようとした夫をそそのかして、農作物の不作から、九人の息子たちの災いと死など、「不幸」を話題にして競技を続けさせたモモーの「魂の飢餓」――冷たい夫婦関係への怒りと憎しみ、そして結果的にトムと夫を死なせてしまった「罪」の「告白」の長話になる。その結果モモーが語りの間にはさむ「ヒ、ヒ、ヒ」は、「反抗と怒り」から「笑いより涙、心の中のむせび泣き」になっていく。

回りくどい饒舌になり、三人称に仮託して他人事にするのは必然であり、「作品は効果を上げるためにわざとわかりにくさを冒し」、「語りを結ぶ衝動がドラマのダイナミクスになる」（Ｎ・グリン）。

口承に慣れ親しんだモモーの語りだから、「古風なシンタクスとゲール語の名残りの多い、非常に凝った、高度に様式化された言語」（F・オトゥール）の語りは、いつの時代かと疑わせる文体であるが、舞台は紛れもなく現代のアイルランドである。

日本のコンピューター工場が進出し、ヘリコプターやオートバイの騒音が聞こえる一九八〇年代であり、その工場の閉鎖で、工業化、経済成長の夢がしぼむ混乱状況である。

変革期も四半世紀、物質的困窮からの脱却はできても、あるいはそのゆえに、近代化の根底にある過去に苛まれる人々に「魂の飢餓」が巣くう。モモーの語りの変革前の過去と、ハイテク産業の現代との並置と対比で、変革にもかかわらず、アイルランドの内実がそれほど変わらないことが示唆される。

だからドラマは現代の、すでに中年女の孫娘をめぐっても展開する。

「〈おとなしい人〉、頭が良く、感じやすい女性、がんばり屋」のメアリーは、ナースとしてイギリスの病院で働いていたが、感情の安定を求めて「家」に帰りたくなり、今は祖母の世話に明け暮れている。しかし戻った家で「孤独と困惑の感じが募り」、モモーを老人施設《ホーム》に入れて再び出て行こうとしている。

メアリーが戻るまでモモーの世話をしていたドリーは、イギリスへ出稼ぎの夫の仕送りで不自由なく暮らし、オートバイを乗り回す、新しいアイルランドの現実的住人であるが、享楽的なセックスに耽り、年に一度帰国の夫から、不貞のかどで暴力を振るわれる。不義の子を孕んでしまい、生まれる子をメアリーに引き取ってほしいと願う。

一九八四年の時代設定には、当時国中を騒がせた嬰児殺しのスキャンダルや、中絶や離婚をめぐる国民投票の時代背景がある。

ヴァイタリティと享楽主義のドリーと比べれば、同じように孤独な現状を逃れようとしても、メアリーは後向きであるが、二人とも「魂の飢餓」に苦しむ姿である。

マーフィの意図は、代々のナショナリスト理論家が表明するアイルランドの田園の理想に、貧しいアイルランドの田舎の現実を対置し、同時に、脆弱な経済的発展の空虚さを暴くことである。だからドラマは、デ・ヴァレラの田園牧歌の物質的貧困と、レマスの現代的拡張の精神的貧弱の、両方を含む。しかし、単に挫折で無力に陥ることを劇化するより、むしろ過去と現在を動員して未来に役立てようとする。（S・リチャーズ）

いつまでも終わろうとしないモモーの饒舌な語りの完結と、それを孫の視点で「告白」と認識することによって、三人の女の過去の悲劇が明らかになる。それと同時にモモーは、それまで識別しなかったメアリーを初めて孫娘と認め、モモーの語りを共にして感情を解き放たれるメアリーは、ドリーの生む子の引き取りを承諾し、三人が一緒にダブルベッドに入る終幕になる。

モモー　さあ、お祈りして寝るんだ。神様に嘆きのお祈りをします、だね。天国のおまえの母ちゃん、父ちゃん、爺ちゃんに。

メアリー　それにトムも。
モモー　そうだ。鵞鳥を怖がった、ほんの坊やだった。みんな良い子にしてると言うんだ。この涙の谷で嘆き泣きながらと。（カップをメアリーに返しながら）それに涙はそんなに悪いもんじゃない、メアリー、それに必要なもんはなんでもここにあるでないか、わたしら二人には。（落ちついて眠りにつく）
メアリー　（感謝の涙があふれ、心から）なんでもあるよ、モモー。
（最後まで涙が続くが、安堵の笑いのような笑い声が混じる）

「家」を求める語りとドラマが同時に終わるラストは、「家」を求めて戻ってきたメアリーの台詞「家」に収斂する。ドリーの赤ん坊の解決と三人の喜びには、モモーの息子たちと、特に孫トムの死への負い目からの解放が重なる。

モモーの語りが外枠になり中核ともなって、三人の「魂の飢餓」の由来と解決に導く。語りと現実、過去と現在、死と出産、悔恨と癒しが融合して、調和と再生のハッピーエンドとも言える「家」にたどり着く。

そのプロセスによる、時代と人間への洞察と批判は見事である。しかも伝統のストーリーテリングだけでなく、使い古された農家の台所の舞台は、初期アイルランド演劇の作風への回帰であり、それまでマーフィ劇で弱かった女性だけの登場人物で、あらゆる点でマーフィ劇の頂点に立つ。

独立したアイルランドの戦後体制のもとで育ち、一九五〇年代末からの改革の洗礼を受けたトム・マーフィは、現代アイルランド変革期の政治・経済、社会・文化の激変と混乱に直面する人々を描き、その「魂の飢餓」と再生をテーマとして、優れた作品を創り続け、「一種のアイルランドの内面の歴史」（F・オトゥール）を形成する。

「メディアの関心が多く北アイルランドの出来事に向けられているが、一九五〇年代から〈南〉の危機があり、マーフィ劇はそれに取り組み、明確に表現するのに力を貸した」（A・ローチ）。だからマーフィは必ずしもアイルランドの特異性を越えられる作家ではないが、広く人間性に訴え、感情を解き放つ、挑発的魅力をもつ作品を創作する。

当然、貧困や失業、移民やナショナリズムなど、現代アイルランドの具体的状況を扱いながら、外面的な変化や混乱よりも、現代化に伴う価値観の転換やアイデンティティの喪失を体験する人々の内面のありよう——葛藤や挫折感、幻滅や不安、喪失感や罪意識、無力感や暴力性、疎外感や物欲、あるいはそこからくる自己探求や人間性の回復、癒しや贖いに迫る。

出世作『暗がりの強がり』を含む初期作品は、社会の閉塞感に悩みながら、急激な変革に当惑して、適応か脱出かのジレンマに苦しむ若者の「魂の飢餓」を描く連作で、立ちはだかる現実、追い立てる時代相を捉えて、鋭い社会批評になる。

第一作『外側で』（合作）で、ダンスホールの入場料が足りなくて退却する若者が「外側で」経験する屈辱は、徐々に押し寄せる変革からの疎外であり、のちのペアの『内側で』は、経済の変革でも、また教師の群像でも、「魂の飢餓」の根の深さと広がりに変わりはないことを描く。『食品雑貨店店員の生涯の決定的一週間』は、伝統や慣習に支配されながら、押し寄せる新しい時代の波に直面する店員の、内面の分裂と矛盾のパニックを、現実と夢の絡まりで捉える悲喜劇である。

イギリスへの移民一家で、変革期に突入するアイルランドを扱う『暗がりの強がり』と、貧困の根底にある未曾有のじゃがいも飢饉で、アイルランドの原点を描く『飢饉』の二篇の力作をはさんで、『帰郷をめぐる会話』は、変革の波に乗る成功を思い描いた若者たちが、停滞と幻滅の中年にさしかかって再会する姿で、変革に取り残された「一九七〇年代初め」の「魂の飢餓」を見せる佳作である。

変革期のミスフィットやアウトサイダーを扱ってきたマーフィは、『ジリ・コンサート』では、むしろ成功者ないし恵まれた階層の「魂の飢餓」と再生の試みを主題とする。

経済改革による繁栄を享受する中流階級の実業家が、自己嫌悪の落ちこみを、オペラ歌手「ジリのように歌う」ことで紛らそうとして、「自己実現」の手助けをする触れこみの「ダイナマイトロジスト」キングを訪れる。

互いに再生への手掛りを得るプロセスが、ドラマの構造であるが、当初の意図に反する「自己実現」は、「魂をなくした世界での魂の苦悩」（P・メイソン）のメタフィジカルな喜劇になる。

アイルランド近代化に大きな影響を及ぼした、第二ヴァチカン公会議を背景にもって、飢える魂の救いや赦しという、形而上的ないし宗教的な感情と関わる作品もある。

サーカスの旅芸人たちが「聖堂ランプ」の下で、罪を赦し、信仰と魂の自由などを論じる『サンクチュアリー・ランプ』は、神と教会への悪態が、魂の救済に無力なカトリック教会を痛烈に批判しているとして、初演で騒動を起こす。

ピストル自殺した哲学教授が、その経過を振り返る『理屈には遅すぎる』は、家庭のさまざまな問題を抱えてうろうろしながら、絆を取り戻そうとする姿を描いて、タイトルの意味を示唆する。

出来事や状況の外面的リアリティを目指すのではないから、マーフィ劇は時にはファンタスティックなプロットや実験的な手法を試みる。

最も異色の『楽観主義の翌朝』は、ヒモと売春婦の中年男女が、不思議な森で出会う若い二人の男女に魅せられながら殺害し、仲直りして再出発する不条理な話を、幻想的舞台、非写実的人物、特異な舞台言語で展開し、魂の不安、疑い、葛藤を表現する。

アイルランド・ナショナリズムの政治とテロリズムを批判する『ブルー・マキュシュラ』は、ナイトクラブの舞台、ギャングのような集団、そしてギャング映画のパロディの、誇張されたスタイルによる、メロドラマの変形である。

これらの作品は、コンヴェンショナルなリアリズムを越える志向で、さまざまなスタイルを模索しながら、アイルランドの現実に対処する結果は芳しくない。変革期の内面の動揺、形而上的苦悩を表現する努力が、現実とのつながりより観念性がまさる時、かえって普遍性に届かない。

その点、登場人物は三人で、三単一を守る、古典的な骨組で一見ナチュラリスティックな『ジリ・コンサート』と、特に『バリャガンガーラ』で、心理的深みあるいは形而上的高さ、さらに詩的次元も達成して、アイルランド変革期の「魂の飢餓」から魂の再生へと追究している成果は、注目すべきことである。

しかし『バリャガンガーラ』を「家《ホーム》」で終幕にしても、ハッピーエンドにはならない。

『通夜』では、アメリカ移民でコールガールのヴェラが、祖母の通夜のために帰国し、欲深い身内と、母の遺産で争うが、すべてをなげうって、郷里を去る。

『邸宅』では、イギリス移民でヒモをしているクリスティが、休暇で帰郷し、偶像視していたアングロ・アイリッシュ一家の邸宅を買い求めるが、殺人を犯してしまう。

ともに「家」を求めて手に入らない話である。「家」は、信仰や繁栄でも、執着や僥倖でも、容易に手にすることはできず、マーフィ劇は「魂の飢餓」のテーマが続く。

9. キルロイ『ダブル・クロス』

イギリスによる七世紀半もの植民地支配と併合をこうむったアイルランドで、ナショナル・アイデンティティが問題になるのは必然である。

トマス・キルロイ（一九三四—）の『ダブル・クロス』（一九八六、フィールド・デイ劇団）は、アイルランド人であるルーツを拒み、独立を達成する故国を離れ、第二次大戦で中立を守る祖国に反抗して、それぞれに理想化するイギリスとドイツの戦争プロパガンダで対立した実在の人物、B・ブラッケンとW・ジョイスを扱う力作である。

キルロイの主題である「自己と社会」、個人の自由と社会の圧力の関係を、国際政治の場で追究する、現代史の政治劇であり、自己を模索する二人のアイルランド人を、いわば背中合わせにする一人芝居で、主題と手法を知的に演劇的にマッチさせる。タイトルは、裏切りも二重性も一人二役も表して巧みである。

イギリスに渡る二人は、コーラス役の「ナレーター」が紹介するように、アイルランド人に代わる自分を「でっち上げ」「演じる」。

一方はイギリスのジャーナリズムでのし上がり、社交界に溶けこんで、チャーチルの側近として戦時内閣の情報相になって、ナチスドイツの爆撃に対して、イギリス国民のナショナリズムを鼓吹した「トリックスター」ブラッケン。

片やイギリスにも失望して、さらにナチスドイツに渡り、宣伝相ゲッベルスの片腕として、デマと宣伝の反英ラジオ放送に従事し、戦後絞首刑にされた、ホーホー卿こと、「トレイター」ジョイス。

保守党のイギリスとファシズムのドイツに組する、この二人を対比し交錯させて、ナショナリズムとアイデンティティの関連性を問い、忠誠と裏切りの「二重性」を演劇化する作者の意図は「序文」に明らかである。

ブレンダン・ブラッケンとウィリアム・ジョイスが出会った、あるいは互いの存在を意識していたという証拠はない。二人は歴史が織りなす、ありえた皮肉の一部にすぎない。この劇で二人を結びつけたのは、二人が同じ劇的趣向を生きるようにするためで、かくも目覚ましく自らの素性を否定し隠した二人は、二人の愛国者よりも、ナショナリズムの歪みを劇的に表すかもしれないという考えからである。……二人が戦争で反対側につく理由は、どこで生まれ育ったかは関係ない。むしろそれぞれの追いつめられた性質、それぞれに祖先を消す、言うなれば、裏切る強迫衝動に駆り立てられる人格と関連する。この劇は、あらゆる戦争の白黒の仕切りを崩し、あらゆる戦争目的の正当性を覆し、関連する政治問題を、ずっと謎である個人の性格のプリズムで見ようとする。この劇でブラッケンとジョイスは互いの鏡像のようになり、もちろん同一役者で演じられなければならない。

第一部「ブラッケン劇、ロンドン」は、「チャーチル、国王ジョージ五世、サー・オズワルド・モーズリーの、等身大より大きい厚紙の切抜きが、物干しロープからぶら下がる」ブラッケンの部屋。アイルランド独立運動の活動家だった父親を逃れてイギリスに渡り、素性を隠して同化しようと、「名優の魅力」で実業界、政界で成功し、支配階級、社交界の「道化」となって、チャーチルの私生児と間違われるブラッケンの「トリックスター」ぶりを示す。

チャーチルから愛人まで、次々にかける電話の相手七人に、口調を変え、素性をぼかして、快活に話す、モノローグによる一方的な電話のシーンは、「自ら創る手のこんだ役を演じる役者」の圧巻の演技である。貴族的作法でイギリスに同化しようとする、生き残りの社交術であるとともに、ブラッケンの不安定なアイデンティティを見せもする、ロールプレイである。

その不安定は特異な性愛にも表れ、上流階級のポプシーとの倒錯的な愛人関係で、性的興奮には手のこんだコスチューム・プレイを要し、インポテンツないし同性愛的傾向を暴露する。

また、共和主義支援の父親との家族歴の否定や、謎の兄弟との変幻する「ダブル」関係などで、ブラッケンはイギリス人としての新たな自己を探る。

ブラッケンの極端なイギリス志向、イギリス擁護が、イギリスの戦争努力を覆そうとするジョイスのナチス宣伝と対決する。

第二部「ジョイス劇、ベルリン」は第一部の反面で、物干しロープがひっくり返ると、肖像が「ゲッベルス、ヒトラー、そして再びモーズリーになる」。

ジョイスは一五歳の時、対英独立戦争でブラック・アンド・タンに組して、ＩＲＡ関係者を警察に密告した経歴をもち、モーズリーに従って、「覇権の夢」を追ってイギリスに行き、「現実の人生に怒り、耐えられなくて」ナチスドイツに渡って支援するが、戦後捕えられ、イギリスに対する反逆罪で処刑される。公的世界での立身だけでなく、愛ないし性の特異性でもブラッケンと「クロス」し、ドイツ人と不倫の妻マーガレットを「売女」と罵倒し、離縁しながら、再婚する、「サドマゾ的シャレード」（Ｎ・グリン）を見せる。

イギリスのファシスト指導者モーズリーの肖像が、二人の背景に共通であることが示唆するように、二人は正反対のようでも相似であり、二人とも独立前後の激動の母国を逃れ、イギリスに仕えようとする。内面の分裂と不安定を抱えながら、新たなアイデンティティ形成を目指して、イギリス人以上にイギリス人になろうとする、必死の、あるいは滑稽な、努力の中で、一方はイギリス民主主義に組し、他方は失望して、さらにナチスドイツに渡り、それぞれ「裏切りによって生み出される深い忠誠心」を正当化する。二人は相互に類似し補完する分身あるいは「鏡像」であり、自己を作り直す騙しの二重性、つまり「ダブル・クロス」を、相似しながら対照的な二部の反復構造で示す。

少ない装置と短いシーンで成り立つ舞台は、異なる時と所に縛られない、自由な劇構造である。舞台上のブラッケンは、ラジオやスクリーンで、ジョイスに付きまとわれ、公私両面でからかわれて、アイルランドへの裏切りを衝かれる。ジョイスも、逆の立場で、同じである。

だから二部構成で、それぞれ一方を主人公にしても、二人が登場する「ダブル・クロス」の劇である。

「二つの対照的なスタイル」でありながら、二部とも同一パターンで繰り返される。

そして二人の役を一人の役者がしゃべり演じるワンマンショーにすることで、二人の二重性あるいは一体性を示し、第一部の最後でその仕掛けを明示する。

コーラス役が背景の肖像を裏返し、舞台前方中央に立つブラッケンの衣裳を脱がせて、ジョイスに変身させる――「外套の下にファシストの黒シャツとネクタイ。眼鏡をはずし、髪を取り除くと、短く刈った髪。顔をおおう傷痕」。

二人を同一役者が演じ、ラジオの演説やスクリーンの映像で、二人の会話や反応のように聞かせ見せていたのであり、ジョイスが「われわれは一人。君と私は一つだ」と言うとおりである。忠誠と反逆のあいまいさ、その対立と同一性のパラドックスを演じる。

ドラマの虚構と演技の本質を利用する『ダブル・クロス』は、主として声による劇で、主役二人を演じる一人の男優のほかには、男優と女優各一人だけである。男優はキャスルロス卿（ゴシップ・コラムニスト）、ビーヴァーブルック卿（新聞社主）、エリック（マーガレットのドイツ人恋人）など男四役を、女優はポプシーとマーガレットなど女三役を演じて、外部の視点を加え、また観客に直接語りかける「ナレーター」役も演じて、「ダブル・クロス」の趣向と構造を見事に果たす。

忠誠と裏切りが極端に問題になるのは、戦時である。だからファシズムにしろ軍国主義にしろ、「戦争の狂気そのもの、大義やイデオロギーの狂気、戦争と大破壊を可能にするすべてのもの」に対する「一種の激怒から書きました」と説明するが、特にアイルランドの視点も重要である。作者の「序文」は続ける。

自らのアイデンティティを専ら神秘的な地域主義、出生の偶然を根拠にするのは、私には危険な愚かさに思える。その考えに組織的に背くことに一生を捧げるのも、同じように愚かに思える。私はナショナリズムに関する劇を書きたかった……私の興味は、自己の向上と公民権の促進の元としてのナショナリズムより、むしろ暗い重荷、トラウマと衰弱の元としてのナショナリズムである。だから結局ファシズムについて書くようになったのは不可避だったと思う。

ここには固定観念による忠誠と裏切りの抗争を続ける北アイルランド紛争の反映があり、偏狭な歪んだナショナリズムが、「怪物、人間怪物を作る……極端な形のナショナリズム」のファシズムに通じかねないことを示唆している。実際、プロテスタント側にしろカトリック側にしろ、暴力、殺人、放火などに走る過激な行為は、ファシストのよく知られた蛮行である。

しかし、深刻な問題意識にもかかわらず、一人二役の演技と芝居の戯れを最大限に活用する『ダブル・クロス』は、重苦しい思想劇ではない。「ブラッケンの表現は風習喜劇に基づくパロディで、ジョイスのはブレヒト風に近い」「対照的スタイル」による喜劇でもある。

ワイルドに感化されるブラッケンは、「イギリス社交界に対して宮廷道化というアングロ・アイリッシュの役割を演じ」(A・ローチ)、複数の役を演じ分ける二人のナレーター役による皮肉な異化効果もあり、エンタテインメントの軽みもある、極めて巧妙な仕掛けの舞台である。

ただ、『ダブル・クロス』は北アイルランド紛争によるナショナリズムやナショナル・アイデンティティ論争と関わる創作であったが、状況の変化や明確な答えのなさから、作者は後年、「もはやアイルランド生活で重要でない問題に触れていません」と語ることになる。

トマス・キルロイは、アイルランド演劇の主流をなす、言葉を重んじるリアリズム劇の伝統に挑む、最もシアトリカルな作家の一人である。極めて理知的で、犀利な批評家でもあり、欧米の演劇に通じる改革熱で、手法の冒険を試みる。

「自己と社会」の主題は、「個人の激しい凝集された希望、恐怖、信念が、社会生活の断片化、拡散化の影響にさらされた時に何が起きるか」と言い直せる。因襲的で狭隘な社会の圧力で、自己の孤立を意識したり、急激に変貌し解体する社会で、その流れに逆らったりする、「個人の生き残りのための闘い」になる。

「自己と社会」のテーマは、知性と道徳性を帯びるが、技巧を凝らして、虚構によるヴィジュアルな演劇を構想する。上演を強く意識するキルロイには、何よりも「舞台の感覚」が必要であり、役者の「肉体の言語」が重要である。当然リハーサルでの演出家や役者との共同作業が不可欠となる、「大いに様式化された、一種の虚構の劇」である。

私が魅せられるのは、多様なイリュージョンを与える演劇です。興味がある劇は、人を招き入れ、一瞬たりとも劇以外のものであるふりをしない劇、それ自体を祝い、展開や動作その他の演劇性を祝う劇です。

初期の二作は、リアリズムを離れようとしながら、まだラディカルではない。「私はフィクションによる歴史の全般的読み直しに魅力を感じる」と、アイルランド近・現代史の人物を扱うことが多いキルロイの、最初の『オニール』は、アイルランド史の一大転換点となる、エリザベス朝イングランドによる再征服を扱う歴史劇であるが、劇中劇あるいは舞台稽古のような開幕など、観客反応の知的虚構化によって、ナショナリズムのありようを問う現代劇にしている。

出世作『ローチ氏の死と復活』は、下層中流の中年のホワイトカラー族の生態、特に同性愛者たちを描いて、キルロイとしては最もコンヴェンショナルな形式でありながら、キリスト復活劇を匂わすタイトルが写実性を裏切り、実際、「死人」が蘇る奇跡によって、疑似復活劇の展開を見せる喜劇である。

全作品の中で『お茶とセックスとシェイクスピア』は、滑稽なシアトリカリティを最もおおっぴらに発揮する、超現実的で不条理なファースである。創作に行きづまり、また妻の不貞を疑って、パニック状態の劇作家ブライアンの混乱と錯覚が、脈絡なく入り乱れる舞台は、自由な劇的表現を可能にする。

妻の帰宅で現実に戻り、日中の出来事はブライアンの妄想であったことがわかるが、それはインスピレーションを求める作家の苦闘に立ち会って、観客は創作のプロセスを体験することにもなる。想像と遊びに満ちた劇的効果と、創作の秘密に触れさせる着想の佳作である。

極端な苦行のカトリック信心で有名な、実在のタルボットを主人公とする『タルボットの箱』は、その生涯の主な出来事を、「ほとんど舞台全体を占める巨大な箱」の中のフラッシュバックで演じる。自由な舞台空間と変身のロールプレイで、異化効果と風刺的喜劇性の革新的作品になる。

第二次大戦の最中に、アイルランドの田舎町で立ち往生し、住民と接触する、イギリスの『マダム・マカダム旅興業一座』は、演技や舞台をめぐるメタシアターになるが、実人生と演劇の混線による喜劇的趣向を生かせず、キルロイ劇としては失敗作である。

有名なワイルド裁判を背景にする『コンスタンス・ワイルドの秘密の転落』は、「三角関係」の妻に焦点を合わせ、社会に規制され差別される女性の立場とその悲劇に力点を置くが、コンスタンスの階段からの「転落」に、父による凌辱という「秘密」を加える、「歴史のフィクション」の劇である。

死期の迫るワイルド夫婦が演じる「秘密の旅」は、白いディスクの演技スペースと、六人の後見役に導かれる演技の虚構性で、実体と見かけ、秘密と虚構のテーマに対応する。特に作者が日本滞在中に見知った、文楽の影響による様式化は、キルロイ劇のシアトリカリティの一つの到達点をなす。

その後の二作は、言葉と語りへの傾向が強まり、実験性は抑える。晩年の女流彫刻家を主人公とする『メタルの形』は、母娘関係で、芸術家の「エゴ」と私生活の「失敗」を考察する、迫力あるドラマであるが、過去の性の重大な秘密を核にする、回顧的分析的手法を用いる。

『俺のスキャンダラスな人生』は、ワイルドの愛人ダグラスが、死の前年、ワイルドとの関係、自身の結婚の失敗、一人息子の障害の悲劇を、全篇モノローグで客席に語りかける一人芝居で、主張と後悔、反発と同情、虚と実の深い感情に満ちた短篇劇である。
　しかしキルロイ劇の魅力はやはり、主題と手法、人間考察と演劇論がマッチして、舞台でこそ有効なヴィジュアル性を重視した作品である。良き理解者の演出家Ｐ・メイソンは、キルロイ劇にひかれる理由を問われて、作者に呼応して答えている。

その演劇性だと思います。トムがその作品、劇作品について語ったことの一つは、もし他のメディアで可能ならば、舞台向きではないということです。……この演劇感覚を大いにもち、また圧倒的に劇のヴィジュアル性の重要さを感じているからです。

10. マクギネス『ソンム川に向かって行進するアルスターの息子たちをご照覧あれ』

アイルランド・ナショナリズムが最高潮に達するイースター蜂起の直後、北のアルスターの青年たちが、大英帝国への忠誠を誇示するために、第一次大戦に従軍し、大陸のドイツ軍との塹壕戦で多大の戦死傷者を出した。

その誇りと屈辱の歴史は、南からも無数の義勇兵が参戦し、犠牲となった事実とともに、南では教育されることがなく、ナショナリズムの環境で育ったフランク・マクギネス（一九五三―）にも未知のことであった。

しかし、北アイルランドで奉職し、あちこちで見かける大戦戦没者の慰霊碑で、プロテスタント・ロイヤリズムの意識と伝統に接して、カルチャー・ショックを受けるマクギネスは、北アイルランド紛争の状況下で、その演劇化に取り組む。「私のようなカトリックの共和派が、向こう側のプロテスタントの複雑さ、多様性、不安と誠実さを検証しなければならないのは、目を啓かれる経験だった」と振り返る。

数々の受賞で出世作となる『ソンム川に向かって行進するアルスターの息子たちをご照覧あれ』（一九八五、ピーコック劇場）は、イギリス軍が史上最大の敗北を喫した、ソンム川の激戦（一九一六年七月）を扱う現代史劇である。

それまでアイルランド演劇が避けてきた、アルスターのプロテスタントの心情、ユニオニストの視点で、アイルランドのアイデンティティの再考を迫る、勇敢な目新しさの野心作であり、紛争に揺れる北アイルランド問題に、演劇の側から理解と和解を促す重要な作品である。

『アルスターの息子たち』は「回想」「入隊」「ペア」「連帯」の四部構成で、現在のモノローグによる「回想」の枠組で、従軍の経過をたどる追想劇である。回想の主は、八人の戦友たちの中で唯ひとり生き残ったパイパーである。パイパーは現在の老人と回想の若者として登場し、他の七人はパイパーの頭に呼び出される、戦死した亡霊である。

冒頭、パイパー老人が目を覚まし、「まただ。いつものように、まただ。どうしてこうしつこいんだ。これ以上何を話すんだ」と、執拗に回想を迫る神と亡霊を逃れられないで、語り始める。

戦友たちの友情と犠牲の思い出で、孤独と罪意識につきまとわれるフラッシュバックであり、写実的な描写や行為より、戦争のトラウマの内的独白になる。

だからソンムの激戦の犠牲者の劇であるにもかかわらず、大戦の原因や意味を論じず、前線の戦闘や戦死を描かず、上官や敵も登場しない。戦闘までの兵士たちの交流と、パイパーの内面の分裂に焦点を合わせながら、アルスターとイギリスの絆の神話、北のプロテスタント・ロイヤリズムのルーツを検証していく。

「あのスケールの惨事には形がない」と言いながら、「なぜわれわれはこうしたのか。なぜ皆殺しにされるままになったのか」と問うパイパー老人の前に、若者パイパーを含む兵士八人が出現し、戦友の死に「形を与える」追体験をする。戦友たちとの交流と、その戦死までの状況を捉え直して、アルスター・プロテスタンティズムを理解しようとする、追憶の自問自答である。

第二部「入隊」で、八人のアルスター志願兵が、イギリス軍兵舎に着いて初めて出会い、自己紹介しあう。出身地や職業、宗教や性癖で大きな差異があるロイヤリスト兵士が、異端者パイパーにかき乱されて、猜疑や嫌悪で用心し、対立しながらも、偏狭なカトリック嫌悪と恐れでは一致し、「アルスターのため」「国王陛下とすべての国民の栄光のため」「われらの宗教のため」結束していく経過を追う。

労働者階級の戦友たちの中で、支配階級のドロップアウトのパイパーは、彫刻家として挫折し、ゲイでもあって、自暴自棄の結婚ないし愛情生活に失敗し、「ほかにどうしようもなかった。どっちみち死ぬのだから志願した」。

特権階級の家族やナイーヴな戦友たちに逆らい、辛辣になじる、ニヒルな「厄介者」「からかい屋」であるが、次第に同化する、複雑な葛藤の自己認識を見せていく。パイパーのような異端者が、どうして血の犠牲とユニオニズムの考え方に転じていくかの興味になる。

フランス戦線で実戦のショックを経た数カ月後、束の間の休暇でアルスターに戻る第三部で、若い兵士たちは「ペア」になる。

パイパーは温和なクレイグに同性愛で近づき、牧師として挫折のロールストンと半ばカトリックのクロフォードは信仰の問題を抱え、ベルファストの造船所で働くアンダーソンとマキルウェインはプロテスタント行進の太鼓の練習をし、織工ムアとパン屋ミレンはオレンジ団員として助け励ます。

照明と暗転で、舞台をアルスターの四つの場所に区分し、ペアになった四組を配する、表現主義的手法である。カットバックとオーバーラップのモンタージュで、四組の場面が切り替わり、全体が同時に進行する、想像と創意に富む実験的舞台になる。

前線の体験を忘れさせる個人的つながりの中で、ペアの友情と支え、それぞれの人間性を強調しながら、次第に戦争への幻滅とロイヤリズムの動揺を示していく。

宗教と歴史の絆によるアルスターへの忠誠、イギリスとの結束という動機も色褪せ、「血に餓えた」戦いによる犠牲であることに気づき、マキルウェインのように、「戦争は呪わしい。何の役にも立たない。時間の無駄だ。俺たちは生き残らない。みんな無駄死にするんだ。パイパーの言うとおりだ」と悟っていく。

ソンムの激戦前夜の第四部「連帯」では、塹壕で戦闘命令を待つ恐怖と静けさの中で、兵士たちは賛美歌をうたい、サッカーに興じたあと、南のイースター蜂起の指導者ピアスを茶化す冗談話をする一方で、アルスターの栄光の源であるボイン川の戦いをパロディ化する模擬戦を行う。

南北それぞれのナショナリズムの土台の神話をからかい、気を紛らすが、ともにドイツ兵と戦っている南の義勇兵たちを無視して、「フィニアンの鼠」への偏見と皮肉に満ち、また「ペア」での個人的結びつきを克服して、アルスター・ロイヤリストの優越感と連帯感を確認していく。

おどけの儀式のあとで、パイパーは最初の死ぬ願望も、アウトサイダーの批判的立場も捨てていき、最後にはオレンジ団のたすきを着けて、戦友たちとの連帯で、アルスターへの忠誠を受け入れ、神に祈る。

あなたが正義と慈悲の神様なら、今日その慈悲を示したまえ。私たちを救い、私たちの国を救いたまえ。私たちの敵を国内でもこの戦場でも滅ぼしたまえ。今日のソンムを、敵を追い払われたあの日のボインのように、アルスターの栄光の思い出の日としたまえ。……ソンム川に向かって行進するアルスターの息子たちをご照覧あれ。私はかれらの命を愛する。私自身の命を愛する。私の故郷を愛する。私のアルスターを愛する。

そして「アルスター」の連呼が、「鬨《とき》の声に転じ、熱狂的になる」ところで、長い年月を隔てて、パイパーの「老人」と「若者」が接近するラストで、パイパーの思い出、強迫観念としてのドラマが完結する。しかし、パイパーを除く七人は戦死して、アルスター・ユニオニズムの犠牲となり、「家は冷たく」「教会は人気《ひとけ》がなく」「アルスターは淋しくなった」幕である。

結果的には、大英帝国内に残るとはいえ、アルスター九州のうち六州だけで北アイルランドを形成しなければならないから、パイパーのユニオニズムへの転向の祈りも、神に通じない失敗に帰したことになる。「劇の最後で二人のパイパーが出会う時は、終結ではないと思う。劇は一つの長いサイクルだと思う。パイパーは物語を語り、物語を見て、繰り返す宿命であろう」と作者は主張する。

円環構造をもつのは、「この劇の優れた弁証法的特性は、他の七人の兵士はパイパーの元の不確実、疑問、分析の立場をとる一方で、パイパーはかれらの最初の無批判でナイーヴな立場をとることからくる」（E・ジョーダン）と言えようが、パイパー老人が過去に縛られ、「裏切りの意識、喪失感」に苛まれる限り、ドラマに終わりはない。

『アルスターの息子たち』の主題は結局、今日までも続くアルスター・ユニオニズムの精神と伝統、その由来と継続であり、ソンムの戦いの再現による、現代の北アイルランドの考察である。

マクギネスの関心は、ソンム川でのアルスター兵士の犠牲を記念するより、むしろ歴史の出来事が、いかに支配的イデオロギーに、この場合アルスター・ユニオニズムに吸収され、それに役立たせられるかを劇化することにある。(B・シュランク)

イギリス軍への志願とソンムでの犠牲は、その後の北アイルランドの伝統形成に大きな役割を果たして、南への対立意識の決定的要因となる。だが『アルスターの息子たち』は、アルスター・ユニオニズムのヒロイックな賞揚でも皮肉な批判でもなく、複眼によるアイルランド観の必要性を説き、北と南、プロテスタントとカトリックの長い対立の歴史を克服する理解と和解を促す、今日の演劇である。

そしてアルスター思想への転向者を、元は自殺志願の偶像破壊者で、さらにゲイにする距離設定や、「ペア」の分割舞台の非リアリズムの利用など、勇気と力量、ヒューマニズムと実験性を示す、マクギネスの代表作となる。

挑発的な内容と大胆な手法で、次々と問題作を発表するフランク・マクギネスは、異質の他者を重視し、異なる立場にこだわる作家である。

まず、女性や同性愛の主題は、社会から疎外されるジェンダーと、マイノリティの性の視点から、既成観念を問い、偏見や差別に挑む。

劇作家としてのスタートは女性劇『工場の女たち』で、シャツ工場の女性労働者五人が、坐りこみストで労働強化に抵抗し、具体的成果は不明ながら、最後まで持ちこたえ、自立の可能性を示す佳作である。疎外されて喘ぐ女たちの、多様で個性的な生態と苦悩を、あけすけで鋭い台詞で活写し、生硬なアジプロ劇にしないのは、作者の母や伯母たちの実態に示唆されたからでもある。

粗末な袋を背に放浪する女のモノドラマ『バッグレディ』は、最底辺の女の埋もれた秘密を徐々に明かして衝撃を与える。脈略のない独り言が、父親の凌辱で生まれた子を川に流した、ぼろぼろの半生を語る。告白でありながら一人称を使わず、非難と自責の念が混じり、現実とファンタジーによるモノローグで、トラウマからの解放を図る。

イタリアの天才画家カラヴァッジョの、画家としても同性愛者としても苦闘する姿を描く『イノセンス』は、暴露的で刺激的な意欲作である。

厳しい因襲に抗して絵を描き、自滅へと進む波乱の一生を、殺人を犯す一日に圧縮して、「生」と「死」の二部構成にする。流動的な時間、自由な空間、現実と悪夢の交錯の異化効果、インターテクスチュアリティに満ちた実験的手法に、宗教批判が加わり、観客の不評あるいは指弾は避けられなかった。

アイルランド演劇に大きな足跡を残し、また世間周知のゲイのカップルであった、演出家H・エドワーズと俳優M・マクリアモアをモデルとする『黄金の門』は、老いと死に直面する、最晩年の男性カップルの悲喜劇を、最小限のプロットと心理のリアリズムで描く、中篇の佳作である。

性的含意のウィットとユーモアの面当ての中で、長いパートナー関係に伴う現実の痛みを暴露しながら、異性愛と同じ微妙な心理と愛憎で、別れの辛さを切々と訴える。

イギリスに移住した工場労働者で、エンゲルスと同棲したアイルランド女性バーンズ姉妹を扱う『メアリーとリジー』は、ヴィクトリア朝イギリスの価値観や、マルクス＝エンゲルスの社会主義を、二重三重に疎外されるアイルランド女性の視点で捉え直す野心作である。

しかし、木々に住む女性集団がアイルランド語で歌う冒頭から、特異な文体を使用し、二人の放浪は神話や歌や儀式を経て進行する、超現実的なファンタジーでは、異質な他者の歴史的意味合いをかえってそらす。

異国と異文化のコンテクスト、特にイギリスとの関係で、アイルランドを考察することが多いマクギネスは、『アルスターの息子たち』と対になるカトリックの悲劇『カルタゴの人びと』では、北アイルランド紛争の転機となるデリーの「血の日曜日」事件を、その死者たちの蘇りを願って墓地を見守る人びとのファンタジー劇にする。

特にゲイの道化ダイドーが仕掛ける劇中劇が、一種の「心理療法」（S・P・アンダーソン）になって、犠牲者の蘇りを待つ自分たちが蘇る。紛争の不条理に迫る野心作ではあるが、事件の重さにファンタジーの軽さがマッチせず、ドラマとしての成果は乏しい。

エリザベス朝ルネサンスの大詩人スペンサーとシェイクスピアをモデルにして、侵略と植民のからむイングランドとアイルランドの関係を論じる『有為転変』は、政治と詩、写実と象徴、文献と想像を混合する実験的手法を駆使する。

特に行政官、地主として長く滞在するスペンサーのアイルランドでの最後の日々に擬する伝記劇、歴史劇であるが、野心的手法がその意図を実現しているか疑問である。

ベイルートの地下牢に鎖でつながれる三人の欧米の人質を描く『私を見守ってくれる人』は、実話の国際エピソードに基づく。

囚われの人質は、恐怖と屈辱の監禁に勇気と忍耐で抵抗しながら、退屈を紛らせ、正気を保つために、さまざまなサバイバル・ゲームを行う。アメリカ人医師のアダムは途中で姿を消し、アイルランド人ジャーナリストのエドワードとイギリス人学者マイケルが、次第に「苦痛の思い出」を克服して、理解と和解にいたるプロセスの劇になる。ラストは、両国の和解への作者の祈りが聞こえるようで、マクギネスの到達点を示す傑作である。

第二次大戦中の郷里に設定する『ドリー・ウェストのキッチン』は、アイルランドの片隅にアメリカ兵が登場することで、異質の他者の両側面である、性と国の境界をオープンにまたぐ。異国異文化のテーマが広がり、アメリカの戦う姿勢が持ちこまれるが、実験に欠ける写実の手法は平凡である。

マクギネス劇の魅力と威力は、異質の他者――異なるジェンダーと性、異国と異文化の主題を、想像と詩想による飛躍と挑戦的な実験性で展開するドラマツルギーにある。偏見と差別を越えて、異質の他者に開かれた人間と社会を希求する作家として重要である。

ただ、時空と人物の現実と写実を基盤としながら、意表を突く実験性で、リアリティを離れすぎて成功しない作もある。『メアリーとリジー』や『有為転変』は、すばらしい着想に基づきながら、歴史の現実から飛躍しすぎ、『鳥のサンクチュアリー』は荒唐無稽な魔術を扱う凡作である。

四〇〇年前のイギリスのガンパウダー・プロットの詩劇『カササギのようにしゃべる』と、息子の自殺がもたらす波紋を描く家庭劇『ジプシーが馬でやってきた』の新作二篇は、これまでの力作と比べて、マクギネスの声価を高めるレベルではない。

しかし、主題と手法も多種多様な、驚異的ペースの量産で、現代アイルランド演劇で最も注目すべき劇作家である。

◆第2部　現代アイルランド演劇の特性一〇項◆

1. ナショナリズムと北アイルランド

アイルランドは、七〇〇年以上に及ぶイギリスの支配を受ける。一二世紀半ばのアングロ・ノルマン軍の侵攻から始まり、一七世紀のテューダー絶対王政による本格的侵略を経て、植民地となり、一八〇一年、イギリスに併合される。

その間、政治から産業、宗教から文化まで、さまざまな束縛と苦難を強いられ、反抗による解放と再生が、ナショナリズムの目標となる。そして、土地戦争やイースター蜂起などを経て、一九二二年、分断国家ながら、曲がりなりにもアイルランド自由国として独立を達成する。

演劇は国威宣揚と並行して盛んになることを、世界の歴史は往々にして示すが、アイルランド演劇も、ナショナリズム運動の影響を受けて、あるいはその気運をリードして、優れた作品を生み出す。

しかしアイルランド演劇は、ナショナリズムに密着するより、激しい反発を招いて対立し、むしろ外国で高い評価を得ることが多かった。観念でなく現実に直面し、プロパガンダではなく演劇としての自立を図る時、ナショナリズムとの併走はかえってむずかしい。

草創の黄金期からの急速な変貌と下り坂を示すアイルランド演劇は、独立をめぐる紛争と内戦の混乱、そして圧倒的にナショナリスティックでカトリック的な保守的国家の成立で、時代の荒波にもまれる。

イェイツとグレゴリー夫人の合作『キャスリーン・ニ・フーリハン』は、自由と独立のための自己犠牲を謳って、ナショナリズムを鼓吹したが、アイルランド演劇の二大作家と目される、シングの『西の国のプレイボーイ』は、独立を目指す自国民を冒瀆するとして、劇場の内外で暴動をひき起こし、オケイシーの『鋤と星』は、ナショナリズムの原点となるイースター蜂起への幻滅と怒りを表して、激しい反発を招く。

繰り返し上演される農民劇、ナショナリズムやカトリシズムの強調、そして皮相な写実や陳腐な風刺で、マンネリズムに陥るアイルランド演劇は、一九六〇年代に入って第二のルネサンスを迎える。

独立の夢を裏切る停滞で、矛盾とひずみが拡大する果ての、貧困と閉塞感を打破するために図られた、外国からの経済や文化の流入は、旧来の閉鎖的なナショナリズムを変質させ、あるいは否定して、物質的繁栄への憬れや進取の気性で、農村主体の生活やゲール文化の伝統に大きな変化をもたらす。

国家的変貌に助けられて登場する幾多の演劇人は、外国劇の動向や実験に敏感に反応しながら、新しい主題を見出し、新しい手法を活用して、変化していくアイルランドの現実に鏡を向ける。開放のカオスの中で、想像と感性による内的リアリティを表現する、優れた作家作品が輩出する。

一九六〇年代末から、北アイルランド紛争が再燃し、激化する。

分断国家の北部、イギリスとの「連合」維持を主張する北アイルランドは、植民で多数派のプロテスタントによる排他的な支配体制で、マイノリティとはいえ多数の「二級市民」カトリックへの偏見と差別を続ける。

両派の憎しみの連鎖による紛争は、民族問題、宗派闘争、あるいは南の共和国との統一を望む政治闘争であっても、むしろ世界的な公民権運動に触発された、住宅・雇用・選挙権など、社会生活の不公平に対する抗議運動である。

双方の敵意や恐怖は、武装グループのテロの応酬や、イギリス本土での爆弾闘争にエスカレートして、多数の民間人を含む、三三〇〇人を越える死者を出す。その間、「血の日曜日」事件やＩＲＡ服役囚のハンガーストなどで、世界の耳目を驚かせたが、停戦合意を経て、ようやく二〇〇七年、自治政府が復活する。

さまざまなレベルでの深刻な対立の構図から、劇的素材に満ち、演劇が盛況と考えられそうだが、複雑なナショナリズム感情と、遊興に厳しい保守的なプロテスタンティズムで、北アイルランド演劇は、南と比べて貧弱である。

首都ベルファストは工業都市であり、のちにフリールやマクギネスが出るドニゴールは、北アイルランドから外れ、総じて南の二番煎じの感が強い。

しかし、現状を黙視できず、原因や解決を探らなければと考える演劇人たちは、紛争あるいはその余波の中で創作活動を行い、現実を反映する見事な作品を徐々に生み出していく。

ジョンストン『老婦人は「ノー！」と言う』

オケイシーの「ダブリン三部作」のように、ジョンストンは対英「紛争」と独立後の政治状況を主題とし、

「国家の誕生は無原罪のお宿りではない」実態を暴く。

　ナショナリスト的理想の感傷的な未熟性と無責任な危険性を、独立直後の幻滅と懐疑、皮肉と嘲笑で批判する『老婦人は「ノー！」と言う』（一九二九、ゲイト劇団）は、極めて革新的な実験劇である。

　導入部は一九世紀風の「疑似メロドラマ」で、一八〇三年の蜂起で不様に失敗しながら、その愛国の理想が以後のナショナリズムを鼓吹し続けた、指導者ロバート・エメットを主人公とする。

　演技中に、逮捕に来る英国兵の役に誤って頭を強打され、意識を失う主役が、夢の中で、扮装したエメットのままで、恋人サラを求めて、ダブリンの街をさまよう。そして命を賭けた愛国の理想が結果的にもたらした、アイルランド自由国の俗悪でみじめな現実に困惑する姿が、ドラマの本体になる。

　エメットの感傷的エピソードを、大げさなレトリックとジェスチャーで展開する開幕は、愛国の理想や殉教をうたう、一九世紀のロマンティックな詩文の「簡略版アンソロジー」で、神話や歴史、政治や宗教に関連する、目まぐるしい引用のコラージュである。言葉の過剰と着想の錯綜にもかかわらず、アリュージョンやパロディによる風刺と批判は、作者の若さと知性を遺憾なく発揮する。

　脳震盪で倒れたエメット役の役者が、いったん幕が下ろされる混乱の中で、客席の医者から手当てを受ける。仕組まれたトリックを枠組にして、自分をエメットと思って、独立後のダブリンをさまよう、その屈折した印象の連続と朦朧とした意識の流れが、超現実的な劇中劇になる。

　譫妄状態の役者の幻覚あるいは悪夢という劇構造で、役者と役、芝居と現実、エメット劇と現代劇が混淆して、時空も因果も超越し、プロットや連続性を無視し、人物や場面が融解する。愛国の古風な詩文と卑俗な日常語がコントラストをなし、言葉の万華鏡に音楽と踊りも加わり、複雑な構成と豊饒な文体で、変幻極まる「夢の劇」になる。

エメット役が場違いな扮装でさまよう一九二〇年代のダブリンは、そのロマンティックなナショナリズムを無関心と嘲笑で迎えるばかりで、一方では、神話化される愛国主義の時代錯誤と危険性を暴き、他方では、大義のためには死をも厭わない、長い闘争の果てに生まれた、自由国の混迷と浅薄さを皮肉り、その齟齬から、苦い笑いや痛烈なアイロニーが生じる。

幻滅の彷徨で出会う、最も重要な人物は、グラタンの立像と花売りの老女である。

一八世紀末のグラタン議会の中心人物ヘンリー・グラタンは、法と理性に基づく議会主義、合法的平和理念で、エメット流のロマンティックな武力闘争と無用な流血の伝統を批判し、現実への覚醒を促す。

剣を抜いてバリケードを築くのはやさしいことだ。仕事をしないですむ。待たないですむ。血のほかは何もなくてすむ！　そして親切な神様の創りたもうた一番の安物が血だ。

恋人サラと重なる花売りの老女は、「女王の歩みをもつ若い娘」キャスリーン・ニ・フーリハンのパロディ「サラ・ニ・フーリガン」（R・ジョンストン）で、愛国の詩文で理想化される「母なるアイルランド」とは全く違う、「ぜいぜいいう醜い老婆」と化した現代アイルランドになる。タイトルは、アイルランドを象徴する「貧しい老女」が、現代アイルランドに「ノー！」を突きつけることを暗示する。

興奮する市民たちに、「裏切者、スパイ、ぺてん師、卑怯者」呼ばわりで追いつめられるエメットは、自己欺瞞の認識を迫られる中で、愛国の若者ジョーを撃ってしまう。救うべき市民の拒絶に堪えられずに犯す、矛盾の暴力の幕になる。

主人公は歴史上のエメットであるより、「アイルランドのロマン派文学で最も愛される人物の一人」であり、現実とは見当違いのロマンティックな大義、芝居がかりのポーズで犯す、流血と死の連鎖を、作者は非難する。

同時に、愛国の理想に無関心で、その名に値しない自由国のわびしい現実と、嘲笑や拒絶の市民たちも指弾して、双方に厳しい風刺と批判を放つ、「表現主義的異議のジェスチャー」になる。

第二部は、現代アイルランドの政治、文化、宗教など、全般的に偏狭で空疎な状況を、浅薄な芸術家サロンと混迷のスラムの両極端のつながりのない場面転換で展開する。

夢見た独立アイルランドとは程遠く、自分も認知されない、現実の悪夢の中で、主人公は覚醒することができず、自らのヒロイズムに辛うじて踏みとどまる。

主人公を嘲るさまざまな人物を登場させ、エメットのロマンスもナショナリズムも場違いな、現代のアイルランドに焦点を合わせて、愛国の夢に背く浮薄で不快な自由国の現状を風刺しながら、同時に、ロマンティックで好戦的な愛国主義の無謀と無力も浮彫りにする。

「サラ・ニ・フーリガン」に幻滅する主人公が、医者に手当てされるエピローグで幕が下り、現実の役者に戻り、プロローグと結びつく。劇中劇は、意識を失っていた束の間のことで、その間の出来事や人物群像は、役者の心理的悪夢の「相争う感情」であったことになる。

劇中劇最後の台詞、「さあ、わたしの墓碑銘を書いてくれ」は、エメットの有名な法廷演説の結び、「祖国が世界の国々に伍することになったら、その時は、その時になって初めて、わたしの墓碑銘を書いてくれ」に呼応する。

歴史上のエメットを現代のダブリンにタイムスリップさせて、二つの時代を対置する二重性、エメットの愛国神話とその後の蜂起の連鎖との関連で、このラストが「狂った空想家の幻影」か、「その想像の威力によるダブリンの救済」（C・S・ピーター）かは、単純ではない。

作者自身も後年矛盾したことを言って、愛国のスローガンが「創造的行為」であることを認めながら、一方では、そのセンチメンタルな摂取からの覚醒を促す。「神話を作るアイルランド文化と、その神話を実現させようとするアイルランド・ナショナリズムとの宿命的相互作用のメカニズムを明らかにして」（J・アキレス）いるとも言える。

ジョンストンの知性が輝く、幻滅と挑戦の風刺による『老婦人は「ノー！」と言う』は、政治的主題と劇的手法で、今日性も実験性も衰えない、アイルランド演劇の分水嶺となる出世作である。

ビーアン『人質』

ＩＲＡのテロリズムと関わって、何年も投獄された作者の個人的体験と、うち続く対英闘争の時代的背景を反映する、ビーアンの『人質』（一九五八、ロンドン、シアター・ワークショップ）は、幽閉された人質の処刑を待つ劇行為は『変わり者』に似るが、今度は政治的処刑であり、処刑される当人が登場する違いがある。

警官殺しの罪で、ＩＲＡの義勇兵がベルファストで死刑の宣告を受けたことへの対抗策として、ＩＲＡは若いイギリス兵を拉致し、ダブリンで人質にして、ベルファストが死刑を強行すれば、直ちに処刑で報復すると圧力をかける発端である。

対英「紛争」ではもちろん、一九五〇―六〇年代の南北国境をめぐるＩＲＡの活動再開でも、類似の例が多く見受けられる政治状況である。

植民地支配に対するナショナリズムからの反抗で、愛国の大義と個人の命という深刻なテーマを扱う『人質』は、悲劇でありながら、死を笑いとばす悲喜劇、生気あふれるグロテスク劇になる。

何よりも人質を匿う舞台設定が巧妙で、かつては独立運動のヒーローたちの聖域であった「うらぶれた古い家」が、今はその古参兵の隠れ家、さらには売春宿「穴」になり果てたという痛烈な風刺で、その性的メタファーにふさわしく、「ヒモ、売春婦、落ちぶれた紳士、その〈来客〉たち」の騒々しい出入りや悪ふざけが支配し、対英闘争の冒瀆的なカリカチュアで、奔放な活気や無秩序が目立つ。

現実的イリュージョンを破る作風は、独立から三〇余年のアイルランドの現況の反映であると同時に、笑わせて楽しませながら、皮肉と風刺で観客を撃つためである。

第一幕、一九五〇年代末、まだ独立戦争中と妄想する「頭のおかしい」ムシュアの所有で、かつての部下パットが管理する「穴」に、人質の兵士が連れてこられる提示部である。

イギリス上流階級出身のムシュアは、時代錯誤の狂信的アイルランド・ナショナリズムのカリカチュアで、家が売春宿に変っていることに気づかずに、「ヒーローと敵がうようよする自分自身の世界に住み、とっくに死んだ敵を相手に、昔の戦闘の作戦を練って時をすごし」、ベルファストで死を待つ少年を、「大義」のために死ぬことができて「非常にラッキー」と称えて、バグパイプで葬送行進曲の練習をする。

ムシュアに幻滅しながらも忠誠を尽くすパットは、闘争の無益を知った作者の困惑を代弁するかのように、水爆時代の対英闘争、ファナティックなナショナリズムの愚かさに、警句や風刺を連発し、「今は一九六〇年、ヒーローの時代は四〇年前に終わった。ずっと昔におしまい。ＩＲＡも独立戦争もチャールストン同様に死んだ」と苦い現実を口にする。

人種も国籍も性愛も異なる、社会の底辺のアウトサイダーたちが賑やかに出入りし、きわどい冗談や騒々しい踊りで浮かれ騒ぐ。ヴァイタリティに満ちた、しかし無定見な言動で、自他の滑稽を鮮やかに見せながら、暴力の愚かさと、それに巻きこまれる恐怖をあらわにする。

トピカルな話題やグローバルな言及も多く、王室、階級差、検閲や、人種偏見、帝国主義、水爆など、風刺の対象にならないものはない勢いである。

ベルファストの処刑が迫っても、みなが歌と踊りに興じ、最後に人質のレスリーが目隠しで連れてこられても、アイルランドの歴史に無頓着な若者で、一緒になって歌う人なつっこさである。

第二幕、新世代のナショナリズムのカリカチュアで、厳格なアマチュアのＩＲＡ兵士が、人質を見張り、「穴」の住人が人質の気をひこうとする中で、ともに一九歳の孤児である、「穴」の下女テレサと、イギリス兵レスリーとのロマンスが進行する。
両国の過去や固定観念に縛られて、敵意と暴力から自由になれない周囲とのコントラストで、国も宗教も越える、孤独な二人の若者の無邪気な愛情と健康な生命力が強調される。二人はベルファストの人質の兵士について論じる。

兵士 イギリス人だとしても絞首刑に変わりないさ。
テレサ アイルランドにイギリス人がいるから戦った人よ。
兵士 じゃ、ロンドンのアイルランド人はどうなのさ。無数にいるけど、だれも何もしないよ。ただ勝手に酒を飲ませているだけさ。

自らが犠牲になる情勢も呑みこめない無知なレスリーを、処刑と報復の苛酷な状況に置き、女子修道院出身の「いつもとても真面目な」テレサが売春宿で働き、レスリーにベッドに誘われてためらわない。憎み合う世界への憤りと犠牲者への同情を示す幕であっても、主調は社会のはみ出し者たちの浮かれ騒ぎで、「自由国派対共和派、アイルランド人対イギリス人、ゲイ対ヘテロ」の議論と争いが、半ば緊張の中で、半ば緊張を忘れて進む。
第三幕は、処刑と報復の主筋が成就する、「死と、迫る死の雰囲気」であるが、犠牲者の悲劇で終わるのではなく、誰もが人質でありうる、大義や信念のもとに行われる悲劇の状況を、風刺の笑いで批判する。

住人が救出を図るレスリーが、報復の処刑ではなく、密告により救助に駆けつける警官の急襲と、ＩＲＡの反撃の混乱の中で死ぬだけでなく、死の直後にレスリーが立って、「地獄の鐘がティン、リン、リン」と、皮肉な歌を客席に向かって歌う終幕にする。ファンタジーによる「喜劇的カタルシス」（Ｄ・クローズ）の生命賛歌になる。

人質の偶発的な死と非現実的な蘇りは、『人質』のシリアスで滑稽なスタイルの典型で、固定観念の愚かさや不合理な自己満足を批判しながら、メロドラマやヴォードビルやミュージックホールの手法を自在に援用して、古典的三単一や徐々に高まる緊張のイリュージョンを破る、現代劇にしている。

その手法がどこまでビーアン自身のものかが問題とされる。イギリスの左翼系フリンジ劇団の演出家Ｊ・リトルウッドの潤色あるいは国際化で、歪曲か豊饒か、観客への挑戦か迎合かが問われ、また「ビーアンは共和主義の伝統へのコミットと、その望みのなさの認識とに引き裂かれ、従って『人質』は政治的に非常に混乱した作品である」（Ｃ・マレー）という側面もある。

しかし、生活の退屈や処刑の恐怖を紛らすための、歌と踊りとおしゃべりの即興的スタイルと、客席への語りかけやアドリブなどの異化効果の混淆による、アナーキックな作風は、笑いで撃つビーアンのドラマツルギーそのものである。

「この劇が示そうとしているのはただ、一人の人間の死は、関わっている問題より重要でありうること」と述べる作者の意図を越えて、ナショナリズムを支える時代の思潮と社会の仕組への厳しい批判となる。

フリール『デリーの名誉市民権』

北アイルランド紛争の分岐点を扱う、フリールの力作『デリーの名誉市民権』(一九七三、アベイ劇場)は、スケールの大きい同時代史の劇であり、また歴史の解釈と関わるメタヒストリーの劇にもなる。「血の日曜日」事件の一つである、一九七二年一月三〇日、デリー市の公民権運動の非合法デモに、イギリス軍が発砲して、一四人の死者を出した事件と、その真相究明で、攻撃した兵士をみな無罪にした「ウィジャリー報告書」に依拠する創作である。

しかし、作者自身も参加したデモの事件に触発されながら、衝突の再現を意図する劇ではなく、その反響と検証を通して、真相の歪曲ないし糊塗のプロセスを問う。

イギリス軍の催涙ガスとゴム弾から逃げる三人の平凡なカトリックの市民が、プロテスタント支配を象徴する市庁舎と知らずに避難し、市長応接室で外の騒乱が収まるのを待つ、ドラマの核を、複雑な構成で展開する。

まず開幕で、テロリストと見なされる三人が遺体で横たわり、終幕で、手を挙げて市庁舎を出て一斉射撃にさらされる、時間の逆転がある。

また、周辺に集まるさまざまな人々の、「占拠」に対する反応を示しながら、のちに事件の真相を究明する裁定委員会の模様が同時に進む。

舞台上方の城壁に判事と証人――軍関係者、解剖担当医、病理学者などが時折現れて、三人の殺害状況を検証する法廷ドラマが進行し、市長室の三人の様子が現場再現のフラッシュバックになる。だから、場所も時間も性質も異にする場面が、平行して、流動的に重なり、それを内と外、上と下、ライヴと反響の構成舞台で統一する。

観客だけが特権的に直接また現在形で目にし、その心のうちさえ知ることができる、市庁舎内の三人は、個性も生活背景も、行進の目的も全く異なる。

公民権運動の正当性を代弁するが、中産階級志向の価値観と、ナイーヴな現実認識で、規律や体面を重んじて、非暴力主義の、失業青年マイケル。

病弱な夫に一一人の子だくさんで貧困に追われ、政治的関心よりダウン症の息子のために行進に加わる、おしゃべりと親切心で生活感あふれる、掃除婦リリー。

そして鋭い知性と意識で、貧困を根底とする現状を把握し、マイケルのプチブル根性に反発しながら、「守勢の軽薄さ」でしか挑発できない、アナーキックなドロップアウト青年、通称スキナー。

デリーのカトリック貧民層を代表する三人は、宗派心や政治思想を直接表明するのではなく、それぞれの個性と言葉で、公民権運動への異なる姿勢を示しながら、市長室の酒やタバコに手を付けたり、電話や化粧品を使ったり、礼服で「名誉市民権」を与えたりして、生き生きした姿で観客を笑わせ、作者は深刻な事件に思わぬ喜劇性を与える。

差別によって貧困と疎外の現実を生きる三人の市民の写実に対して、外側で反応し、事件を解釈する人々は、個性を欠く肖像と形式的文体の非写実で描写される。価値観や社会的立場などを反映する多様な視点で、真相と歪曲の皮相なコントラストを示す。

神父の説教、TVリポーターの実況放送、バラッド歌手の歌、軍公報担当者の記者会見など、それぞれの立場で、市庁舎「占拠」の人数や意図を、憶測や誤解、偏見や恐怖で、誇張し歪曲して伝える。自由の闘士と英雄視したり、テロリスト集団と危険視したりする、外部の騒ぎを、作者は痛烈な皮肉で描く。

法廷ドラマの裁定は、時には、英軍の主張に沿った実際の「ウィジャリー報告書」を引用し、客観性を口にする判事が、武器を使用した「無情なテロリスト」に対する、軍の正当防衛であったと歪曲する。武器を持たない三人の罪のないヴァンダリズムを目にする観客は、本舞台とのギャップに、正邪の感情を刺激される。

多様な「フレイム技法」（E・アンドリューズ）で事件を再構成する『デリーの名誉市民権』であるが、矛盾する視点、不十分な論拠の交錯による異化効果より、タイトルに「デリー市の解放」の意もある、強いメッセージ性をもつと、国の内外で偏向の批判を浴びる。

行進に参加したフリールに、「血の日曜日」事件も「ウィジャリー報告書」のもみ消しも、客観性には「純化」が不十分だったかもしれないが、事件と反応のプロセスに主眼をおく。

そのために作者は、視点の複合、流動的舞台、変化する時間の位相、非現実的な音楽や照明、短いエピソードによる中断など、幾重もの「距離をおく効果」（U・ダンタナス）で操作し、「予期される憐れみ、怒り、恐れの感情は、劇の形式によってしっかり統御され、和らげられている」（C・マレー）。

事件を「一九七〇年」に設定するのは、タンクや重火器の使用で史実にもとるというより、事件と直接結びつけるのを避ける意図であろうし、北アイルランド紛争に見られる宗派の対立や、共和主義や左翼の動静に言及がないのも、状況把握の素朴さというより、「政治的メッセージ性」をそらすためだろう。

市庁舎内外の騒動と、裁定委員会の審理の、上下からなる舞台の端に、作者はさらに、事件とは関係ないアメリカの社会学者ドッズを配し、観客に向かって講演「貧困のサブカルチャー」を行わせる。

グローバルな貧困問題を指摘するドッズの講演は、三人の下層市民を世界的レベルで普遍化し、また、裁定委員会が「社会的調査」でも「道徳的判断」でもなく「出来事の客観的考察」に限定する、偏って不徹底な結論に対して、アカデミズムからの中立的理論的批判になりうるが、一方では、「貧困のサブカルチャー」で事件が片づけられない矛盾も提起する。

三人が共通に抱える住居の貧弱や就業の差別などの根底には、北アイルランド特有の歴史や宗教、政治と経済の問題がある。三人は専門用語で概説される貧困階級の典型ではない。だからドッズの講演も、作品が多用する「フレイム技法」の一つになる。

「血の日曜日」事件が起こる前に、フリールは一八世紀のアイルランド西部での土地追立てに関わる劇を書き始めていて、事件の勃発で、当代の状況に変更したらしい。その影響か、一見「血の日曜日」事件の劇化と「貧困についての劇」が共存している感もあるが、主題はむしろ事件と反応のプロセス、視点による歴史解釈のずれであり、そのために、当事者と周囲の反応、事件と裁定の矛盾の上に、現実と学説の距離を重ねて、重層化を図っている。

個性的な犠牲者の自然な台詞、神父や判事やマスコミなどの没個性的な公的発言に、アカデミックな専門用語まで活用する「声のモンタージュ」（E・アンドリューズ）、「談話形式の操作」（F・C・マグラス）による、視点と言葉、議論と感情の複合化である。

『デリーの名誉市民権』は「血の日曜日」事件の再現を意図するのではなく、さまざまな立場と見解で歴史がつくられる、歴史の主観性、史実の恣意性というテーマを扱う、メタヒストリーの劇として成功している。

パーカー『ペンテコステ』

ベルファスト出身のステュワート・パーカー（一九四一―八八）は、優れた劇作家としての才能を病魔に阻まれたが、その『アイルランドのための劇三篇』は、「およそ個人の意志とその時代の諸勢力との闘争を扱う」歴史劇であり、また、荒れ狂う北アイルランドのプロテスタントのメンタリティに通じる現代劇でもあって、「北アイルランドで上演される、北の情勢に関する劇の最良のものを要約する」（C・マレー）作品群である。

三篇のうち『ペンテコステ』（一九八七、フィールド・デイ劇団）は、いわば紛争下のベルファストを主人公とし、プロテスタントとカトリックの宗派的分断の苦悩と和解の必要を扱う、パーカーの代表作である。「血の日曜日」事件で再燃した紛争の激化で、北アイルランドはプロテスタント支配下の議会が解散し、イギリスの直轄統治になる。イギリスとアイルランド両政府によるサニングデール協定で、宗派の対立を越える権力分担の初めての自治政府が樹立され、紛争は終息に向かうと考えられた。

その期待が、一九七四年五月、強硬なプロテスタント労働者のゼネストで打ち砕かれ、イギリスの直接統治に戻り、その間、宗派間の暴力、脅迫、略奪、殺人が横行して、市民生活が脅かされ、ベルファストは麻痺する。

北アイルランドの転換点となる一九七四年、ベルファストの造船所で働くプロテスタント労働者の街。両宗派の接する「まさに最前線」で、住民が追い立てたれ、家が焼かれ、再開発のため取り壊しに直面する街区の「ベルファストの歴史を雄弁に語る」テラスハウスに、三〇歳前後の四人の男女が、個々の事情で集まってくる。

大学を中退して音楽に興ずるうち、大伯母からこのハウスを相続し、別居中の妻に、離婚を条件に譲渡しようとするレニー。幼い子供を亡くした苦悩から、レニーと別居し、古物商いをやめて、この家を買い取ろうとするマリアン。

牧師の子で、イギリスで建築家として働きながら、「小人国の歴史的日々」から遠ざかっておれずに帰国し、「小人国の本物のウィット」にひかれてシニカルな、レニーの学友ピーター。そして三度の流産を繰返しながら、ユニオニストの警官の夫の暴力から逃れてくる、マリアンの旧友ルース。

男二人に女二人、またカトリックとプロテスタント各二人の組合わせの四人が、宗教やナショナリズムに狂わされる生活の中で集まる。

居住地区も結婚相手の宗派も政治的選択と見なされかねない、北アイルランド特有の歴史と現実に、個人的事情も絡まって、それぞれの悩みや苦しみを抱え、自他の偏見と反感による分裂がありながら、論じ合う中で交流する。

　家を譲渡されたマリアンが、感情の「避難所」、あるいはプロテスタント労働者の生活記念館にしようかと迷うところに、亡くなったばかりの、部屋の先住者リリーの亡霊が出現する。

　反カトリックの偏見と怒りをあらわにし、マリアンの侵入と遺品への干渉を非難するリリーは、年代と重なる七四歳、北アイルランドの偏狭なプロテスタンティズムの化身である。

　リリーはマリアンに見えるだけだから、孤独なマリアンが必要とする心理的分身とも考えられるが、生死の境と社会の分裂をまたぐ二人の交流がドラマの要となる。

　リリーとの出会いで、ベルファストの厳しい分断とプロテスタントの頑なな宗派心に直面して、マリアンは心境の変化をきたし、成長のきっかけを得る。

　特に、家に隠された遺品と日記を探るうちに、堅気のリリーが、戦傷で不能の夫を一時裏切って、下宿人のイギリス兵の子供を身籠り、教会に捨て子にした、秘められた苦悩と罪意識を発見し、それがマリアンとリリーが接近する弾みとなる。リリーの厳しさは、プロテスタントの生き方であるとともに、自らの不貞を責める罪滅ぼしからでもある。

　五カ月の赤ん坊を突然死で亡くしたマリアン、流産を重ねてもはや産めないルースと合わせて、子供を産みながらなくした辛い体験を共有する三人が、宗派と世代と生死を越えて交流する。

　極端なセクト主義で荒れ狂う社会の「子供のいない家」での、「三人の女の悲しみ」からの再生のドラマである。十分に生きられなかった子供たちを裏切ることはできないと思い、それぞれの亡霊と折合いをつけ、互いの過去を受け入れ、自己を取り戻そうとする。

譲り受けるハウスを、ベルファストのプロテスタントの生活記念館にと考えていたマリアンは、ハウスが本当に必要とするのは「空気と光」であると悟り、リリーを過去から解放し未来へとつなぐには、ナショナル・トラストへの寄贈で遺物にするより、自分が住んで再生させる方がよいと決意する。

女三人と比べると、自宅が強盗に襲われて「避難所」に逃げこむレニーも、外からの分裂した視点で眺めるピーターも、男たちは正論の多弁の割には、無責任である。リリーの夫や恋人、ルースの夫など、言及されるだけの男性が鮮明な印象を残す。

ドラマは最後で、意外にも宗教的な急転を見せる。聖霊が使徒たちの上に降臨したのを祝うペンテコステ（聖霊降臨祭）の当日であることに気づく四人のいわば回心である。

ルースが、キリスト教は「拒否」でなく「愛と祝福」であると言って、ピーターに助けられながら、「使徒行伝」のペンテコステの章を暗唱する。マリアンが「内なるキリスト」による死者たちへの贖罪とその蘇りの信念を語る。

わたしとしては今は生きたい。この家が生きてほしい。この環境で、この時代に、わたしたちはうんと命を冒瀆した。わたしたち自身に対してだけでなく、死んだ人たちにも……罪のない人たちに、わたしたち責任があるわ。

リリーから「キリストの敵」と非難されたマリアンが、「わたしたちのだれにもいる、ある種のキリスト」による、「儀式的免罪の瞬間」（C・モラシュ）に向かう終幕である。

分裂社会の現実的変革や、宗派心の克服ではなく、説教調のオプティミズムの感は否めない。ベルファストの絶望的体験からの逃避で、それまでのリアリズムから遊離する。

しかし、私生活の死者たちの悲劇と結びつけて、寛容と和解の教えによって、自己をも他者をも許そうとする、「暴力の彼方の調和の可能性のヴィジョン」（S・レイ）の結末であり、マリアンは別居のレニーとの和解に向かい、ルースが窓を開けて「空気と光」を入れる幕になる。

「もし優れた劇の慰めと厳しさと熱い反応を呼び求める時代と環境があるとしたら、今のここだ」とも、「人間の多様性をくるんで、その全体性を芸術で祝福する、想像的闘い」とも言うパーカーの信念を、象徴的な家の舞台、生者と死者の交流、音楽と詩、現実と聖書の交錯による「高められたリアリズム形式」で実現する、感動的な劇であり、『ペンテコステ』は北アイルランドの状況に対応する最良の作品の一つである。

2．歴史と宗教

アイルランドは歴史を絶え間なく意識する。虐げられた民族には、歴史の悪夢からの覚醒は容易でない。植民地支配にしろ、宗派間差別にしろ、血ぬられた歴史のトラウマや、引き裂かれた歴史へのオブセションから逃れられない。北でも南でもアイルランド人は、歴史の重荷を背負う。

だから劇作家が歴史的観点に立ち、さらに歴史劇に着手するのは、自然であり必然でもある。アイルランド人が抱えるアイデンティティ問題、北アイルランド紛争で刺激されるナショナリズム、あるいはグローバライゼーションの中での対外関係など、現状の源を歴史に求め、あるいは歴史劇で現代を語る。

そうかといって、歴史劇が多く創られ、好まれるわけではないが、現代に息づく過去の素材が豊富であり、歴史の見直しが急速に進む時、歴史の振り返りが、現代を見つめ、将来を考えることにつながる。

アイルランド史の原点である、ボイン川の戦いやじゃがいも飢饉、イースター蜂起や対英独立ゲリラ戦、あるいは南の内戦や北の紛争が主題となるだけでなく、その再検証で、歴史のプロセス、あるいは歴史記述への関心が見られる。

ナショナリズムの軛から歴史を解放しようとする修正主義だけでなく、アイルランド演劇が得意とするアイロニーや笑いの力で、政治的立場や既成観念を離れて、新しく歴史と対峙することが多くなってくる。

草創期の喜劇作家グレゴリー夫人が歴史劇に着手したのは、アイルランドに「尊厳」を取り戻し、民衆を教化することを目的としたが、現代の作家が歴史劇を書くのは、激変する現代の提示に、歴史を遡る方が有効だからであろう。マーフィの『飢饉』は、自分が育った一九五〇年代を考えることからスタートし、パーカーは「特定の時代と場所の激しい葛藤から流れるエネルギーが、演劇を活気づける」と説く。

過去に囚われて現代を蔑ろにする傾向や、歴史へのこだわりが敵視や団結に結びつくことがあって、歴史との関わりは当然単純ではないが、演劇人は緊張感とディタッチメントで、歴史の再評価を目指し、歴史劇＝現代劇の創作に努力する。

アイルランドは「神は死んだ」国ではない。南ではカトリック教会、北ではプロテスタンティズムの勢威を、生活のあらゆる面で無視できない、敬神と信心の国である。

政治や経済から、家庭生活やレジャーまで、宗教が影響力をもち、学校や仕事も、友人や結婚相手も宗派によって異なったりして、宗教は単なる個人の信仰ではなく、体制や権力との関連をもつ。

一六、七世紀イギリスの宗教改革が分岐点となり、改宗しないアイルランドは、「カトリック刑罰法」などによる差別と抑圧で、宗教色が濃い植民地と化す。

対立と闘争の果てに独立を達成した南では、少数のプロテスタント特権階級による支配体制が終わる。憲法で信仰の自由が謳われながら、ローマ・カトリック教会の特別の地位が容認されてきて、国民の九〇パーセント以上がカトリック教徒と見なされる。

宗派が民族的アイデンティティや反英闘争と結びつき、国民の手本となるカトリック教会のリーダーシップで、教育や道徳を支配し、保守的な権威主義や厳しい性道徳が横行する。

しかし、一九六〇年代からの社会の変革で、カトリック教会の特別な地位を認める憲法の条項は廃止される。農村の疲弊と都市化、経済の好転による世俗化、あるいは九〇年代の聖職者の性的スキャンダルの発覚などで、国民のカトリック信仰が揺らぎ、ミサへの出席率の低下など、教会から市民の足が遠のいてきている。

一方、イギリスの侵略と植民でプロテスタント化が進み、連合王国にとどまる北アイルランドは、宗教的には南より分裂した社会である。

人口が二対一の割合で優位のプロテスタントが、カトリックを邪教視する宗派的結束と、選挙法などさまざまな市民権の差別で、一貫して支配体制を維持し、紛争の原因になる。

宗派とナショナリズムを分離できないアイルランドで、初期の演劇運動を担ったのは、イェイツやシングなどプロテスタント作家であり、やがてカトリックの演劇人が活躍するようになる。

いずれにしろ劇作家たちは、宗教の教条主義や権威主義には批判的立場をとり、知的距離あるいは自由の観念で創作することが多い。

しかしアイルランドで、宗教は重要で微妙でもある。飢餓の農民を救うプロテスタント地主を扱う、イェイツの『伯爵夫人キャスリーン』は、彼我の魂の価値で騒動を起こし、鋳掛屋が神父を袋叩きにする、シングの『鋳掛屋の婚礼』は、作者の存命中には上演できない。

逆にアイルランドのリアリズムを代表するマレーが、農村と農民をリアルに描きながら、自ら信仰に篤いカトリック的自制から、ドラマの必然性を損ねる改変をすることがある。また、農村や田舎町の社会問題を背景に、聖職者の「影と実体」を描く、リアリスト作家P・V・キャロル（一九〇〇―六八）も、カトリック教会への矛先が次第に鈍っていく。新しいところで、既成のイメージを破壊するマクドナーの描くアイルランド西部では、村民に愚弄される神父が自殺に追いこまれる。

宗教の役割が衰え、あるいは宗派の融和が進む今日、舞台に宗派的敵愾心が露骨に示されることはなくなっていくかもしれないが、アイルランド人の生活から、従ってアイルランド演劇から、宗教のテーマが消えることは考えられない。

フリール『歴史をつくる』

ゲール領主とカトリック教のアイルランドが、中央集権を確立するエリザベス朝イングランドに侵攻され、そのことでナショナリズムの起点となる決定的局面を扱う、フリールの『歴史をつくる』（一九八八、フィールド・デイ劇団）は、事績と記述の二重の意味で歴史を主題とする。

イングランドの侵略に抵抗する最後の拠点アルスターで、ゲール首長ヒュー・オニールは、アイルランドを統一できる最後の英雄と期待され、スペインと組んで戦って大敗する。全土を支配されて、アイルランド史の重大転機となるキンセールの戦い（一六〇二）であり、女王の死を知らずにオニールは降伏する。

第一幕「キンセール前」と第二幕「キンセール後」の対比とバランスで、戦いの一〇年前から、「伯爵たちの脱出」（一六〇七）を経て、領地を没収されたオニールのローマでの敗残の姿（一六一一頃）までを、年月を圧縮して扱う二幕四場の構成である。

キンセールの戦いは幕間で、「主要な出来事はすべて舞台裏で起きるから、歴史的背景と現在の出来事に関するかなりの情報を観客に伝えなければならず」（N・ジョーンズ）、口頭による伝達や間接描写に頼り、また、戦いの評価や記述をめぐる議論が核心をなすため、「言語劇」になる。

第一幕は、オニールとメイベルの結婚（一五九一）に焦点を合わせ、結婚翌日と「ほぼ一年後」の二場からなる。

イングランド軍司令官の妹で、二〇歳のプロテスタント娘との、三度目の結婚は、平和的な「異族結婚」を示唆しながら、政治・宗教・文化の違いをまたぐ駈落ち婚であるため、周りの盟友オドンネルやロンバード大司教らを驚かせ、当人たちの間にも波風は避けられない。

ルネサンス文化のエリザベス朝宮廷で育ったオニールは、ゲールの英雄とは程遠く、イングランドにノスタルジアを抱き、忠誠を誓うティローン伯でもあり、双方への忠誠か反逆かの内部分裂で、メイベルとの結婚は、公私にわたる矛盾と紛糾の場となる。

「率直で果敢な」メイベルは、カトリックに改宗する気遣いまで示しながら、夫の愛人の同居などの習俗になじめず、植民者の思考にとらわれる姉の来訪の際、アイルランドへの洞察と違和感の矛盾した心境を吐露する。

また、スペインの支援と法王の応諾で始めようとする、イングランド戦を思いとどめようとするが、オニールはメイベルの妊娠の知らせにも耳を貸さないで、キンセールの戦いに突き進む。

第二幕、大敗のアイルランドは混乱と困窮に陥り、オニールたちは敗走し潜行する。降伏を決意するオニールが、出産直後のメイベル母子の死に衝撃を受ける場と、リーダーとして失墜したオニールが、「何年ものち」再婚し、法王とスペインの扶助を得て、ローマで酒浸りの屈辱的な亡命生活を余儀なくされる零落の場とを、圧縮した二場で描く。

第二幕に登場しないメイベルは、オニールと伝記者ロンバードとの対立の火種になる。『歴史をつくる』は、キンセールの敗北とメイベルの死別という、オニールの公私の悲劇を軸に、歴史記述をめぐる抗争の劇になる。

アーマーの大司教で「教会の外交官」、オニールをヨーロッパの反宗教改革のチャンピオンと見なすロンバードは、「国家的出来事の大きなキャンヴァスで」、異教と戦う聖戦のリーダーとして、聖人伝のようなオニール伝記を残そうとする。

それに抵抗する「最後の戦い」で、執拗に「真実」を要求するオニールは、キンセールの戦いは一時間たらずで敗走した「恥辱」であり、「伯爵たちの脱出」は自国民から逃れたのであり、旧いゲール体制は終わったとする。

また自分は「策動家、リーダー、嘘つき、政治家、好色漢、愛国者、酔っぱらい、ひねくれ辛辣な亡命者」であること、エリザベス朝イングランドとの関わりも、メイベルの存在も大きかったことを認めて、

「真実」を神話化しないで、「すべてを加え」「全体の生涯を記録する」ように懇願する。反論するロンバードは、歴史に「〈真実〉が一番の要素かどうか」疑い、「植民地化された民族が絶滅に瀕している」今、「神話の要素をもつこの物語を提供し、ヒュー・オニールを国民的ヒーローとして提示しているのです」と説く。

女王に慈悲と寛容を乞うオニールの無条件降伏の親書の暗唱と、ロンバードの「神のごとき」オニールの伝記の朗読が交錯する中で、オニールがメイベルに泣きながら詫びる終幕になる。

オニールの私的「真実」と、ロンバードの公的「神話」――相容れない二つの立場から、「歴史をつくる」過程を提供する。妻に甘い、感傷の目立つオニールの「家庭物語、ラヴストーリー」になりかねない反面、酔っぱらいの文なしオニールを、祖国とカトリック教のチャンピオンとするロンバードの伝記は、私生活の実態とかけ離れる。

フリールは歴史のフィクション化について弁明している。

『歴史をつくる』は劇によるフィクションで、ヒュー・オニールの生涯の実際の出来事と想像の出来事を使って、ストーリーを創っている。……しかし歴史の「事実」とフィクションの命令との間に緊張がある時は、物語の方に忠実であったと言ってよい。

史書でほとんど無視されるメイベルに力点を置くのは作家のモチーフで、フィクションの効果を挙げているのだが、「フィクションの命令」であるとしても、史実の省略、不正確、歪曲が目立つ。事績と記述で「歴史をつくる」構造で、根本的な年代の変更や事績の操作には問題がある。

しかし、歴史のフィクション性、「真実」の主観性は、極めて現代的な意味をもち、実際、ロンバードとフリールが重なるアイロニーもある。フリールの誤謬や歪曲より、むしろ選択と解釈による、フィクションの優位である。

フリールは創作のモチーフを先人S・オフェイロンの『偉大なオニール』に負うている。それは独立闘争後のアイルランドに、イギリスとの関わりとヨーロッパの視点を説く、修正主義的な伝記で、フリールの関心は、ナショナリスティックなゲールの英雄より、ゲールとイングランドの「二つの鋭く対立する文明」を融合させようとする「ほとんど自己否定」のオニールにある。

また現代に引きつけて、北アイルランド紛争とナショナリズム論争に関わって、固定した対立観念にとらわれるアイルランド人の歴史に対する姿勢への批判が明らかで、近年の歴史の見直しにつながる、今日のドラマにしている。

歴史のフィクション性、そのメカニズムとプロセスを明かす『歴史をつくる』は、オニールとロンバードの歴史に対する姿勢の差異に焦点を合わせて、論争を闘わせる論文の面白さをもつ、観念的なメタヒストリーの劇である。静的で演劇的迫力に欠け、必ずしも成功作ではないが、生き生きした現代語による、歴史に関する現代劇、歴史を論じる思想劇として興味深い。

マーフィ『飢饉』

アイルランド史の原点の一つである、一九世紀半ばのじゃがいも飢饉は、国土や国民性に大きな変動をもたらした災厄で、人口の激減や社会構造の破壊を招いて、今日までもトラウマとして残る、未曾有の大惨事であった。

現代の変革期の「魂の飢餓」をテーマとするマーフィが、飢饉から一〇〇年以上たって、経済的社会的には大きく変わりながらも、精神的感情的傷痕を残す現代を見すえて、歴史劇『飢饉』（一九六八、ピーコック劇場）を創作する。その際、史実の分析や歴史のフィクション化より、歴史の衣裳による現代劇になるのは自然である。

一八四六年秋、西部の小村グランコナーの指導者ジョン・コナーの娘の一人の餓死で始まり、四七年春、村の全滅で終わる『飢饉』は、この大惨事をコナー一家の悲劇に集約しながら、村全体を舞台に、二〇人以上の村人が登場する群像劇である。飢饉のさまざまな様相を示す断片的エピソードを集める全一二場は、ブレヒト流のタイトルをもち、叙事劇のスタイルをとる。

イギリス本土へ輸出する穀物を積む車の列が、警護されて次々に通過するのを背景に、飢えに苦しむ農民たちが、その矛盾から争う混乱を、ジョンが制する、第二場「道徳力」。

食べられるものを探して、畑を掘り起こしても無駄な状況で、村人たちがジョンに策を求めても、救助を待つ提案しかできない、第三場「決議」。

村の窮状を理解せず、自分たちの利害に重きをおく、商人や地主や土地管理人など、村のリーダーたちの偽善と責任回避で、救済策が出るはずのない、第五場「救済委員会」。

無慈悲な地主らの画策で、移民しかないという結論に従って、命の危険が伴う移民に賭ける農民たちを篩い分けする、第七場「面接」。

これらのエピソードで進展する、グランコナーの惨状は典型的で、主食のじゃがいもの不作が疫病菌によることがわからずに、原因と対策をめぐって混乱し、ジョンに期待して村人たちが合議しても、当然解決策は見当たらない。飢える農民たちは土地から追い立てられ、餓死するか移民に賭けるしかない。救済委員会も教会も具体的救いにならず、次々と死人が出る状況で、村人はただ生き残ることにのみかかずらう。

血統で村のリーダーになっている伝統主義のジョンは、第一場「通夜」から現実を無視して、娘の通夜をしきたりどおり、「食べ物、酒、タバコ」の供応と哀歌の儀式で、さらに歌と踊りの「お祭騒ぎ」でもてなす。

家族の窮状にこだわっておられずに、村全体の生き残りのために努力する、同情心と責任感の持ち主で、「正しいこと」をする「道徳力」を信じる善人である。

わたしは信じる。助けはくる、それが正しいからだ。希望をもつなら、正しいことを信じなきゃならん。こんな時勢に生きるには、逆のことを聞かされても、なんにもならん。

しかし、個人の善意や努力を超越する惨事に対して、ジョンの状況認識は甘く、当局への信頼を失わない単純さで、政府の鈍い反応や地主の私欲にもかかわらず、助けを待って堪えるしかなく、村の解体が進行する。

村人と家族への責務で困惑して、複雑な選択を回避し、「正しい」方策を編み出せないジョンの、「あまりに平凡な」「気の進まない」リーダーぶりに、観客は善悪や好悪の感情的反応を示すことになる。

ジョンと最も鋭く対立するのは妻である。「もう間違ったことは何もしない。今は希望をもてるのは正しいことによるだけだ」と言う夫に、「何が正しいの？　土地がやせた国で何が正しいの？　子持ちの女が自然に見捨てられるなんてどこにある？」と反論する。

「正しいこと」にこだわって「身内を怠る」夫と比べて、「起こっている現実に直面して生きる」妻は、実際的、献身的であるが、二人の子供を失って、生き残るために「今は少しでも口に入るものなら何でも」と利己的になり、村人への同情や連帯より、同じように苦しむ仲間から泥炭や食べ物を盗み、夫に棺桶売りを勧めさえする。

ジョンを中心にまとまろうとしていた村人たちも、事態の真相がわからないままに、次第に共同体意識を失い、抵抗や黙従のさまざまな反応を示す。「暴力的（そして精神障害の？）」マラキーは、警官と治安判事の殺害を先導し、教区司祭はプロテスタントのスープに頼る村人の背教を責め、狂ったダンは老妻の遺体にとりとめもなく思い出を語り、「最も道理をわきまえた」リアムが「面接」をさばき、ジョンも面接に臨むが、「正しい」か「わからない」まま移民を断る。

第一一場「女王死す」で、妻と息子が餓死するのを見かねるジョンは、自らの手で二人を殺害する。絶望で行きづまる妻の望みながら、残忍な活写となる。村のリーダーと仰がれるジョンの公的立場と、「正しいこと」という理想主義の分裂が進んで、集団と個人の悲劇を招いてしまう極限を捉えて、エピックのスケールで悲劇が成立する。

飢饉でも若者は恋に陥り、第四場「ラヴシーン」は、ジョンの娘メイヴとリアムが月光の下で、実は死体の転がる中で恋する様を描いたが、最終の第一二場「春の季節」は、春が巡りきて、待ちに待った救援の食べ物がようやく届いて、若者の恋に希望の曙光を見る幕である。しかし飢え、病い、移民で、ほとんどの村人が消え、「異様な孤立した姿、たぶん正気を失っている」ジョンの悲劇で終わる。

『飢饉』は主として叙事劇の手法を用いた悲劇で、史実の重みを簡潔に伝え、広範な観点を集約し、諸悪の根源への批判をもつが、「全体的に因果関係の政治的分析を扱うのではなく、マーフィが表現しようとするのは、心理的体験そのもの、生き残りの必死の本能が、この状況でもたらす魂の恐ろしい破壊である」（N．グリン）。

主としてセシル・ウッダム＝スミス著『大飢餓』から素材を得た歴史劇であるが、歴史的関心からだけでなく、「自伝的」であり、「飢饉」がもたらすのは食べ物の欠除、肉体的苦痛より、むしろ「魂の飢餓」、価値観の転換であると考える。

どのような大事件だろうと、歴史上の事件に関する劇を書くことは私には意味をなさず、余計なことに思えました。それで私自身の世紀と呼ぶ二〇世紀半ば、一九五〇年代、私が育った文化について考え始めました。

一九六〇年代に住んでいて、自分が飢饉の犠牲者であって、まだ終わっていないことに気づいた。……『飢饉』の意味は私には、歪んだ精神、恋愛・優しさ・愛情の乏しさ、青春の自然な放縦さが花咲かせようと願いながら、一九世紀の精神に遮られていることだった。

「一つの劇で飢饉の現実を〈正当に〉取り扱うことはできない」と作者が記すのは当然であるが、じゃがいも飢饉が一九世紀の出来事でなく、その恐怖が一世紀以上たっても続く、現代との照応を鋭く追究し、小さな一つの集落、一つの家族に集約した大作である。

キルロイ『タルボットの箱』

ダブリン労働者階級の神秘家マット・タルボット（一八五六―一九二五）は、極端に禁欲的なカトリック信仰で、民衆に聖人と仰がれた実在の人である。

スラムの赤貧の中で育ち、酒に溺れる非熟練労働者であったタルボットは、二八歳から禁酒の誓いを守り、世俗を越えた日々の断食と祈祷を実行し、巻きつけていた鎖が体に食いこむほどの苦行を行っていたことが、検死で明らかとなる。自らに課する贖罪の大きさで、タルボットを聖者の列に加える申請運動が起こる。

その生涯がアイルランド・ナショナリズムの激動期と重なりながら、時勢には従わず、アイルランド労働運動の起源ともいうべき、ダブリン大ロックアウト（一九一三）では、仲間に同調しないで、スト破りの裏切者と蔑視され、逆に、新興のカトリック中産階級の雇い主と教会には、気高い献身と従順のシンボルとして利用される。

「不可知論」のキルロイにとって、「サドマゾヒズム的」タルボット信仰は共感できることではなく、『タルボットの箱』（一九七七、ピーコック劇場）は、「この偶像を攻撃し、風刺、からかいの作品を書こう」と着手した。

しかし、タルボットの人間性を捉えようとする時、作者として当然ながら、「尊敬せざるをえない面」を見出す。特にキルロイを一貫する「自己と社会」のテーマ——現代アイルランドにおける個人の自由あるいはヴィジョンと、政治や宗教など、社会の圧力との関わりで構想する。

神秘家について、その極端な個人主義と、人間関係つまり共同体、社会の要求との間の、本質的に復元不能な分断についての劇を書きたいと思った。また、並外れた個性の人が、いかに他人に操られ、その要求を投影されるかについても関心があった。……思うに私が書いたのは孤高について、そのための犠牲と、そのために要する勇気についてである。

「教会の手先」の「聖者」か、「労働者に反対」の「スト破り」か――いずれにしても、ナショナリズムとカトリシズムの波に乗る新しい指導層が、個性的ヴィジョンのタルボットをいかに利用したか、それに分裂するタルボットがどう苦しみ、身を処したかの問いに発する創作である。

ほとんど舞台全体を占める巨大な「箱」は、「その印象は素朴な閉じられた空間で、いくぶん牢獄、聖域、演技空間の感じ。……劇に要する役者、衣裳、小道具はすべてすでに中にある」。

「舞台をトリックのすばらしい箱と考えるのが、いつも私に魅力があった」と述べる作者の奇抜な箱は、タルボットの生涯に見合う多義性、多機能をもち、その一生の出来事によって、さまざまなスペース――棺桶、告解室、証人席、死体置場、あるいは教会、診察室、自宅、職場を表す、自在な装置である。

「箱」はまた「包囲と解放の象徴性」（D・サンプソン）をもつ柔軟な舞台である。「肉体の暗闇」を抱えるタルボットを閉じこめる家庭や社会、逆に、暗い内面をあらゆる誘惑から守る場にもなる。

開幕、二人の男が箱の前面を開けると遺体置場で、鎖の傷痕の目立つタルボットの亡骸を前に臨終の祈祷が行われ、その死の回想で、生涯の主な出来事が、フラッシュバックで演じられる。

歴史と伝記に基づくタルボットの回想は、家庭や社会との軋轢、仕事仲間や恋人との関わりで、極端な信仰と孤立にいたる苦闘を展開する。

スラム街の貧困と堕落の中で育った家庭環境――自らの飲酒や盗み、暴力を揮う呑んだくれの父、それを耐え生活に苦しむ母と心配してくれる妹、さらには牧師館メイドとの煮えきらない交際と別れから、波止場人足としてスト破りでの疎外感まで、断片的な追想の私生活と内面の葛藤から、禁酒と改心で、自己否定と孤高の敬虔に収斂していく。

「教会の祈りで人々がただ自分自身から逃れるだけなら、私に祈る暇はない」、「創造主に向かう時はひとりで向かわねばならない」と言うタルボットの信心は、教会組織との食い違いが目立ち、その「信心と帰依に長年感嘆してきた」神父も、タルボットのファナティックな個人的考えを「傲慢」と責める。

労働者のストにも、実業界の利用にも、教会の圧力にも抵抗するタルボットの孤高の魂、神秘的信仰を貫く意志と勇気は、「自己否定こそ、ある種の個性が自己主張できる唯一の道であるという考え方」（B・ヘィリー）のキルロイのテーマと関わる。

「最後の闇」を恐れずに「永遠の光」に到達するには、「まだ少し歩かなければ」と立ち上がり、倒れるタルボットが、「子供のような夢想の気分」で聖家族を語るうちに、棺の「箱」に戻され、回想のドラマが終わる。

演劇性に満ちた、象徴と様式の革新的作品である。定まったタルボットと司祭役のほかは、男一、男二、女の三人がさまざまな役を演じるロールプレイで、家族、メイド、同僚、雇い主、病院ヘルパー、通行人、医者、科学者、政治家など、タルボットと関わる多くの組織と人々を、早いテンポで騒々しく演じる。

司祭を女優が演じ、男と女は箱の奥で役に従って絶えず衣裳を換え、また即席で舞台を設定したり、客席に直接語りかけたりする。当然、人物は個性でなく役割であり、タルボットを見る立場の代弁者で、その異化効果によって喜劇的で風刺的になる。

開幕の宗教儀式の思いがけない脱線が手の内を明かす。司祭役が客席＝教会の聴衆に説教を始めると、聖母マリア像役に、「いつまでこうして立っていなきゃならないのよ」と突然遮ぎられる。あとの展開は、芝居を演じている二重の劇中劇で、時には軽い遊び心がまさって、タルボットの神秘性を剝がし、さまざまの交流をアイロニックに見せる。変身とおしゃべりの過剰演技の端役たちとのコントラストで、中心に裸でひざまずいて、言葉少なに静止し続けるタルボットが、周囲の憎悪や侮辱にも動じない孤高の精神性で浮彫りになる。こうした劇構造に支えられる『タルボットの箱』を、なぜ上演に選んだかという問いに、初演の演出家Ｐ・メイソンが的確に答える。

テーマに全く魅せられたからだと思います。一九七〇年代後半ですよ。アイルランドのカトリック教会の全勢力――アイルランドの社会、歴史、心理的支配に関する、最初の真剣な問いかけの一つだと思います。カトリシズムの原型的な母親への執着から、アイルランド人の生活のジェンダーと性の異様な混乱まで、あらゆるトピックを提起しました。

マレー『モーリス・ハート』

熟知する農民や小市民の、土地や結婚をめぐる現実を、鋭い洞察とリアルな表現で描くＴ・Ｃ・マレー（一八七三―一九五九）は、熱心なカトリック信者の劇作家であり、カトリック信仰の正負の影響を扱う作品も多くある。

司祭になる教育を受けながら、天職に疑いを抱く神学生が、母親の期待と家族の負担に抗しきれずに、学業を続けるため、そのプレッシャーで狂気に陥る悲劇を扱う『モーリス・ハート』（一九一二、アベイ劇場）は、アイルランド人の根幹をなすカトリック生活を考察する、宗教劇である。

「この劇の雰囲気はすべて、最良の意味で、カトリック的であり、アイルランド的です」と述べるマレーは、内情に通じる思慮と感受性で、農民たちの信仰の日常生活をリアルに表現する。

ただ、信仰をテーマとしても、カトリックの教義や体験そのものを扱うより、「個人の宗教体験が、家族の生活に影響を与え、個人の精神状態が社会に影響を及ぼさなくはないことを示すことに、より関心がある」（R・A・ケイヴ）。

アイルランドの農民、下層の家庭で、身内から聖職者を出すことは、特に母親にとって、この上ない名誉、自慢の種であった。田舎で成績のよい子供が聖職の道を勧められ、奨学金で神学校メイヌースに送られることは、かつてよくあって、主人公モーリスはその典型である。

しかし、聖職者になりそこねる青年の実話も少なくなく、自己懐疑や肉体の疼きの年齢で、厳しい教育の途上、召命への疑問にとりつかれて断念することも例外ではない。家庭や地域の期待を担い、家族に金銭的負担を強いている時には、その悩みと決断はいっそう深刻にならざるをえない。

モーリスの高い学費を支えるのは、父マイケルと兄オーエンだけでなく、ボストンで働く三人の兄弟からの送金でもある。

貧しい農家がその負担を我慢するのは、聖職によって社会的身分が高まり、地域の誇りとなるだけでなく、経済的有利さもあるからで、モーリスの聖職叙任が近いことで、ハート一家は債権者を防ぎ止め、オーエンの結婚がもたらす持参金を期待する状況である。

だが、モーリスの実態は深刻で、八年を越す学業成績は優秀だが、聖職叙任を一年後に控えて、神の召命による天職意識をもてない自分に気づく。召命を欠いて聖職に就くことは「冒瀆」で「神と人への裏切者」となるから、神学生としては致命的であり、道徳的感性の強い繊細なモーリスは、神学校と家族の間で煩悶する。

帰郷するモーリスが、読んでいる小説の主人公に仮託して、間接的に悩みを語っても、母親には通じない。家を取りしきる献身的なエレンは、「アイルランド農家の母親の非常に見事な肖像で、気前よくて浅ましく、野心的で情深く、むごくて親切、冷酷で狡い」（Ａ・Ｅ・マローン）。何より想像力に乏しく、息子の良心の咎めにも、息子に取り返しのつかないダメージを与えかねないことにも全く気づかない。夢の実現を目の前にして弾む母に、モーリスは絶望的な苦悩を打ち明けることはできない。

悩みぬいた挙句、モーリスは教区司祭に打ち明ける。聖職者への道を勧めた神父は、モーリスにとって気のふさぐ重荷であると同時に、最後の救いの綱でもある。

カトリック信仰を、個人の魂との関わりだけでなく、社会的意味も探る時、地域社会の精神的支柱として輿望をになう神父の登場は、アイルランドでは不可避とも言える。

実際、エレンの妹オコナー夫人だけが、ハート一家に対する唯一の外部の登場人物で、姉との会話を通して、村一般のカトリックを代弁する。

驚く神父は、モーリスの迷いを解こうとして、「それは本物の召命を示す最良の証拠の一つだ。そういうためらいを少しも持たない者は、無頓着な神父にしかなれない」と説くが、その真剣さにうたれ、家族に伝える役を引き受ける。

しかし、モーリスの叙任とオーエンの結婚の二大イベントで夢がふくらみ、借金の深みから救われると期待している家族は、モーリスの苦悶に傾ける耳を持たない。

家族の経済的負担を教えられて、モーリスはうちのめされる。両親と兄に懇願されて、良心と家族の間で葛藤に苦しみながら、やむなく神学校に戻る返事をしてしまう、緊張の幕である。

当然それは一時的な逃避にすぎず、叙任に寄りかかる家族の実態を知っただけに、悩みはより深刻になる。家族の期待とモーリスの苦悶に必然性があり、信仰の心理的かつ社会的追究に説得力がある。

九カ月後の第二幕、観客が目にするのは、モーリスの苦悩を棚上げした一家の姿である。オーエンの婚約が成立し、叙任のモーリスが挙式を司ることを、両親は非常な誇りと喜びとするだけでなく、新婦の持参金でモーリスのための借金を皆済でき、農地を手放さずにすむ見込みも喜びのうちにある。

モーリスは終幕直前まで登場せず、舞台上の出来事はその煩悶をいっとき忘れさせながら、観客は主人公の悲劇を予感せざるをえない。

叙任を間近に控えても、自分を偽ることができないモーリスは、家族の期待に応えようと真剣に対処し、努力して一番の成績であるようだが、召命は遠のくばかりで、ついに叙任は不可能になり、帰宅を強制される。

その恥と苦悶の深刻さを感じさせるのは、最後に垣間見る、神経が参って狂気寸前のモーリスの姿である。

（モーリスがぼんやりして椅子から立ち上がるのが見える。聖務日課書に読みふけり、断続的につぶやいて日課の断片を唱え、開いた戸口を非常にゆっくり出ていく）

マンガン神父　（小声で）あとをつけるんだ、マイケル。（マイケル出ていく）

ハート夫人　（椅子によろめき）ああ、神様、神様！

（神父は自らの無力さを痛く感じて夫人を見る）

『モーリス・ハート』は、モーリスの叙任をめぐる苦悩を扱う個人劇であり、親と家族の野心と干渉がもたらす悲劇の家族劇であり、農家の台所を舞台とする伝統的な農村劇であり、そしてカトリック信仰が個人と地域にもたらす影響でアイルランド問題を追究する社会劇でもある。

それを優れたドラマにするのは、個性と動機の明確な人物造形、無駄のない引き締まった構成、抑制された自然な会話であり、徐々に高まる緊張と避けられないクライマックスに運ぶ、マレーの手堅いリアリズムの説得力である。

3．移民とアイデンティティ

アイルランドは移民国である。外国へ移民するのは、貧しい母国では生きていけないからであり、移民先の豊かさや可能性にひかれるからである。

農業国アイルランドで、搾取に困窮する小農や小作人たちは、どん底の生活に喘いだ。その極端な例が一九世紀半ばのじゃがいも飢饉で、最も多い時には八〇〇万余ともされる人口が、飢えや病気や移民で世紀末には半減し、一〇〇年以上も続く人口減少の国になる。

ナショナリズムや土地戦争で、ようやく自分の土地を獲得しても、その後の産業の変動や若者の流出で、農村は疲弊し、土地放棄による過疎化が進み、アイルランドはもはや農業国ではなくなる。

子だくさんや長子相続で、独身や晩婚を強いられ、都市や外国への移住を余儀なくされる村人の現実は、美しい国土への感傷を許さない、生死の問題である。しかしかつては大きなテーマであった土地は劇作の関心からそれていく。

農村の余剰人口を吸収する産業がないため、独立後も大量の移民が続く。経済的貧困だけでなく、保守的な政策による社会の閉塞感、宗教によるモラルの強制、また逆に教育の普及による進取性やチャンスの拡大なども関連して、特に若者たちの流出が深刻な問題になる。

移民先はアメリカがとびぬけて多く、本国の人口は南北合わせても四、五〇〇〇万人でありながら、アイリッシュ・アメリカンは四〇〇〇万人とも言われる。

男は労務者や農夫、女はナースやメイドになることが多いようだが、ケネディはじめ何代もの大統領が、アイルランド移民の子孫である。

隣国イギリスを避けたのは、その悪政への敵愾心からであるが、「世界の工場」イギリスに安価な労働力を提供し、産業革命を支えたことも事実である。

アイルランドの家庭には、海外に移住した家族員、親族、知人をもつケースが多く、移民と帰国者の夢と現実が、居残る者にも大きな影響を及ぼす。だから移民は、離郷と望郷と帰郷と関連して、アイルランド文学の一大テーマとなる。

移民先はオーストラリア、カナダ、南アフリカ、ニュージーランドと続き、そしてグローバライゼーションが進む今日、移民問題も変質する。

移民を民族の離散として嘆くよりも、積極的に考える傾向も生まれる。初めての女性大統領として新風を吹きこんだロビンソンは、「移民は悲しみと悔いの記録であるだけでなく、貢献と適応の力強い物語でもあります」と評価する。

そして経済的活況もあって、アイルランドは移民が帰国し、東欧、アジア、アフリカから移民を受け入れ、人口増加の国にさえなる。

イギリスによる植民地支配やアメリカへの大量移民が示唆するように、異国・異文化と関わるアイルランド人は、アイデンティティ問題を抱える。日常生活のレベルでも、政治や宗教の紛争時でも、自らのアイルランド性を問わざるをえない場合がある。

アイルランドは元来、異民族・異文化から成る国である。だから人種と言語と宗教で、ケルト系・ゲール語・カトリック教の組合わせを重視しても、その国民性を単一体、統一性で捉えることはできない。

実際アイルランドは、イギリス系・英語・プロテスタンティズムを対置できるだけでなく、ダブリンと地方、アメリカ志向とイギリス同化など、さまざまな点で分裂し、多重構造を示す。

しかも交通・通信の発達や、EUなどのグローバルな一体化で、多文化交流や異人種混合が進んで、アイルランド性も多元な混成で捉えなければならない。

アイルランドの演劇人も、ローカルな視点でもグローバルな関心からも、アイルランド人の属性と関係、つまりアイデンティティを考察し、その複雑な問いの内面の劇が、アイルランド演劇の魅力となる。主題も手法も型どおりのリアリズムでは通用しないで、欧米を主とする世界の演劇との交流が不可欠になり、今日、アイルランド演劇の世界への拡がりは目覚ましい。

マーフィ『暗がりの強がり』

マーフィの出世作『暗がりの強がり』（一九六一、オリンピア劇場）は、変革期に突入するアイルランドの緊張や不安、痛みや歪みを、底辺のイギリス移民で捉える力作である。近代化、産業化へ移行する過程で生じるさまざまな問題を、移民のテーマで提起して、若い作家のエネルギーがあふれる。

一九五〇年代後半、イングランド中部の工業都市コヴェントリー。アイルランド西部メイヨーの下層階級カーニー一家の長男マイケルが、イギリス娘ベティと結婚して住む公営住宅に、マイケルの弟たち、ハリー、イギー、ヒューゴーが居候している。そこへ郷里から父親ダダと末弟デズが訪れて、騒々しいドラマが展開する。

騒々しいのは、出迎えの興奮と準備からであるが、むしろ弟たちの傍若無人の言動による。「大声と動作と準備の混乱で開幕。部屋と家具は荒らされた跡を示し」「家中、喧嘩やすさまじい騒音」が入り乱れる。

ポンびきやピンはねで女や人夫を食いものにして、泡銭で生活する弟たちは、母国の田舎と全く違う異国の都会で、頑健な肉体と乱暴な言動によって、マイケルの家庭の平穏を著しく乱し、ベティに「野蛮人、狂人」「豚、アニマル」呼ばわりされるほど、自制を欠いて衝動的である。

マイケルのイギリス化を裏切りとし、イギリス女ベティをからかう「鉄の男たち」の歪んだマチスモは、移民しても同化できない除け者のまま、故国での心の傷を引きずる。

郷里で「鋳掛屋」扱いされた屈辱への復讐で、家の外でも面倒を起こし、街の黒人やイスラム教徒だけでなく、同じアイルランド移民の一族とも、チンピラあるいはヤクザまがいの抗争に明け暮れ、実際ドラマは、その抗争の予告で始まり、その結果で終わる。

ステレオタイプの酒と喧嘩のアイルランド人に見え、旧来の家族制度や因襲的な価値観に縛られて、成熟できないようだが、郷里では見込みのない経済的理由で、仕事と豊かさを求めて移住した男たちである。教育もマナーもなく、フラストレーションの発散に、動物的な本能のままに生きて、本国にも異国にも適応できないアウトサイダーである。

マーフィは自らの体験から、移住者たちの激しさを、「親、隣人、地域、教会のコントロールから自由になり、それが時に激しさの爆発を生みます」と語る。

一方、移民して教育と仕事、結婚と家を得たマイケルは、家庭の平穏と秩序を保って、新しい環境に同化しようと努める。

物質的にも社会的にも中流志向ながら、異国は虚妄の約束の地で、教師になる夢を捨てて、工場勤めをする。母国の価値観から逃れられず、二つの世界にまたがって生きるジレンマや、分裂するアイデンティティの矛盾を意識せざるをえない。

弟たちには、故国を裏切るイギリス化で、アイルランド人の蔑称「パディ」を使って争う。

ハリー　兄貴はパディじゃなかろう？
マイケル　俺たちはみんなパディで、イギリスの奴らはそれを知っている。
ハリー　そう思うんなら失望させられねえ。俺としちゃ失望させたくねえ。
マイケル　それじゃここに合わないぞ。
ハリー　だれがそんなこと望むもんか。

マイケル　俺は望むよ。
ハリー　イギリスのパディになりてえのか。

始まったばかりの経済改革と近代化は、田舎の疲弊、都市の膨張、移民の増加をもたらし、家族の分解、階級の流動化を招き、道徳や宗教でも方向を見失わせて、「魂の飢餓」を生じさせる。

カーニー兄弟は、変革に取り残されて当惑する、必然的な副産物である。故国と郷里での疎外感や劣等感が、イギリス移住で強まって偏見にさらされ、押しつけられる価値観に適合できずに、緊張感が高まり、劣等感に追われる。

イギリス人としても女としても蔑視されるベティから、「わたしと、あなたの弟たちと、どっちが第一、どっちが重要?」と迫られるマイケルが、弟たちの不作法に悩み、蛮行に抵抗しながら、その居候や怪しげな仕事を黙認するのは、一族や郷里との絆を断てないで、家庭の崩壊を防ごうとする葛藤からである。「こんな生活から抜け出したい。……今の俺でありたくない。……でもこんなことすべてから抜け出せない。……俺はどうしたのだろう」とベティに打ち明けるマイケルの悩みは、マーフィ劇の主人公たちみんなに当てはまる。

このような現実と背景で、家長の権威をかざすダダと、兄たちの都会生活に憧れるデズの来訪は、すでにある対立や混乱に拍車をかけ、怒りや嫌悪感を助長する。

元は警官やセールスマンをしていたダダは、田舎の中流階級と交わる錯覚のプライドで、仲間に紹介される用務員のポストを拒み、妻が仲間たちの掃除婦であることに屈辱を感じる。また郷里も変わってきて、隣人が道路掃除人から成り上がっていることも意に介さずに、息子たちに父親の権威を振りかざせると思いこむ。

「わしは戦う人間だ」と自慢し、デズに喧嘩の仕方を教える、時代錯誤の虚勢を、臆病で無力な姿で暴露し、息子たちの争いでも街の抗争でも、身を隠して傍観する。

旧来の家族制度を覆す変革にさらされ、取り残される世代の当惑であり、現実の階級差と世代の相違に傷つきながら、同族意識と腕力に凝り固まって、何もできない孤立の姿である。

ダダとマイケルの必然的な感情の対立がドラマを動かし、一番若いデズをめぐって先鋭化する。

家族の絆で二人の来訪を歓迎するものの、デズを父や弟たちの悪影響から救いたいと願い、残された母の苦労を思うマイケルは、田舎にも進む経済的可能性から、デズに郷里の新工場で働くように勧めるが、当人は兄たちのあとを追って移住する意向で、ハリーたちもマイケルの意図に反対する。

アイルランド移民間の抗争で加勢するデズを気遣って苦悶するマイケルは、自らも父親譲りの考え方を免れず、そのアンビヴァレンスから、弟たちとの対立がエスカレートする中で、自制心を失い、弾みでデズを殺害してしまう。

兄弟たちが「ダダから離れて、デズの死体の側のマイケルと一緒になり」、「舞台隅に孤立する」ダダの取りとめのない言い訳で終幕になる。半ばダダの非難、拒否でありながら、半ばその継承になってしまう、カーニー一家の矛盾である。

暴力そのものは舞台裏で行われる、ドラマの激しさは、単にイギリス移住に適応できない「鉄の男たち」の理不尽――押しつけられる異文化のマナーや仕事のルールを拒む、無分別や衝動性の激しさだけでなく、一家を取りまく時代の変動、伝統と価値観の変化にさらされる不安や劣等感、その裏返しとしての自己主張や怒りの激しさであり、その破壊的感情を、乱雑な言葉や対話にならない台詞や変則な文体で表す。

その点、同時期のイギリスの「怒れる若者たち」の演劇に似て、社会への鋭い批評とプロテストであり、過去と現在のはざまでの、感情の矛盾と苛立ちの爆発である。

イギリス移民の「魂の飢餓」を、犀利な観察と強い戸惑いのリアリズムで――閉ざされた一つの舞台と三単一を守る一見古典的なプロットで表現する。

フリール『キャス・マガイアの愛』

フリールには、同じ主題を異なる角度から捉えるペア、あるいは対称となる作品が多いが、渡米前夜の希望と不安を扱う『さあ行くぞ、フィラデルフィア！』に対して、一八歳で渡米したキャスが七〇歳で帰国し、身内に疎まれる当惑と、それから逃避する幻想を描く『キャス・マガイアの愛』（一九六七、アベイ劇場）は、笑いとペーソスに富む佳篇である。

移民の望郷の念や帰郷の波紋は、極めてアイルランド的なテーマで、アメリカ渡航が必ずしも新生につながらず、帰国が歓迎されるとは限らないことは、内容的には新味はないと言える。しかし『キャス・マガイ

ア の 愛』 は、 老人ホームのキャスの単純な回想劇ではなく、 舞台と観客との関わりで、「キャス・マガイアがソリストであるコンチェルト」 にし、 前作に劣らぬ実験作である。

キャスがアメリカに渡ったのは、 一つには、 共感し合えた父親が、 母親と衝突の挙句、 スコットランドへ出奔してしまったからであるが、 主として、 自らのボーイフレンドのコニーとのデートを、 母親と神父に咎められ、 その厳しい性道徳への反発から、 自由な空気を求めてであった。

しかし、 最初からアメリカン・ドリームとは無縁の田舎娘に、 簡単に仕事があるわけはない。 ニューヨークの場末の安酒場兼簡易食堂の唯一人のウェートレスとなって、 うらぶれて粗野な客層を相手に、「洗濯、掃除、 サンドイッチ作りで、 ものを思う暇もない」 労働を強いられる。

そのうち店主ジェフと同棲し始めるが、 戦傷で片脚を失ったジェフには、 別居の妻がいて、 キャスにとっては結婚の見込みのない愛人でしかない。 時に示される親切心にほだされ、 淋しさを紛らわせられるからであったが、 ジェフに死なれ（あるいは見捨てられて）、 弟ハリー一家と住めると思って帰国を決意した。

五二年ぶりのキャスを待ち受ける現実は厳しい。 父は帰国しないまま、 同棲した女に見守られてスコットランドで死に、 父をも逃れさせた教師の母は、 高齢の痴呆でキャスを認識できない。 実業家のコニーは、 結婚して首都に住む羨しい境遇である。

一九六〇年代の改革の波に乗る弟は、 事業に成功し、 四人の子供に恵まれているが、 それぞれ問題を抱え、崩壊寸前の一家であることが、 あとで打ち明けられる。

キャスの心の葛藤は何よりも、 苦労しながら弟に生活費の足しにと毎月仕送りし続けた金が、 全く手つかずで貯められ、その金で老人ホームに入居するように勧められたことである。キャスにとって老人ホームは、「わが家」とは程遠い救貧院に等しく、会計士として裕福な弟一家の冷たい仕打ちに自暴自棄で抵抗し、酒で自らを慰めようとする。帰国して再び追い払われる「二重のエグザイル」（キルロイ）である。

ハリーの家、「落ち着いた家庭の雰囲気が、キャスの叫び声で急に激しく乱される。キャスは耳障りなアイルランド系アメリカ人の声で叫びながら（舞台袖か観客席から）舞台に跳び出してくる。舞台のみが立ちすくむ」。

単純なストーリーの中で、過去を蘇らせ、現実を示し、幻想を描くのは、「親しい友人」の客席に話しかける、生気あふれる老女キャスの分裂した心である。

「醜いとするのは強すぎるが、地味では到底弱すぎる」キャスは、社会の底辺で身につけた粗野なアメリカ訛と率直で口汚い言葉遣いで、客席を現実とのつながりにして語り出す。

付きまとう追想をコントロールし、反抗的ヴァイタリティとユーモアで、時には神経を逆なでしながら、観客を打ち明け話に引きこもうとする。

キャスの話は、心の動きに見合って、時間と場面の転換も、人物の出入りも自在であり、ハリーの家の居間と老人ホームの休憩室が突然入れ替わり、追想と現実と幻想が分かちがたくなる。

客席の反応がない一方的な語りは、キャス自身にはね返って、心の乱れで次第に観客の姿が見えなくなり、現実との接点を失って、過去の追憶に逃れ、狂気の幻想に陥っていくことになる。

一方、老人ホーム〈エデン・ハウス〉の住人たちは、袖付き椅子にひとり坐って、現実を避け、また偽って、ワグナーの音楽に増幅される妄想の物語を語る。朗読法を教えていたと称する未婚のトリルビのうたう、裕福な結婚と世界の旅のロマンティックな恋物語も、イングランドの大聖堂のオルガニストと自称するイングラムの、ハネムーンでの若妻溺死の悲恋物語も、愛されなかった現実の思い出を、充足された愛のフィクションに変える補償作用であり、抒情的な台詞と音楽による「ラプソディ」である。

驚き当惑するキャスは、挑戦的態度で抵抗するが、弟一家に裏切られる孤独感と、ジェフとの愛に傷ついた追憶から、次第に酒に溺れていき、やがて住人たちの現実離れしたロマンティックな「ラプソディ」に抗しきれずに流されていき、自分ひとりの世界に退いていく。

ニューヨークでの裕福な生活と結婚、弟一家に暖かく歓迎される帰国、海辺の快適な住まいというファンタジーに逃れるキャスは、現実の生き生きした姿と言葉を失っていくが、「〈穏やかな満足の表情で談話室を眺め〉とうとうわが家だ、わが家にいるのはいい」と落着く幕になる。

三つのラプソディは、劇行為の秩序立ったパターンあるいは祭儀の一部として、各幕で一つ表れる。そして音楽用語のラプソディがそれらを最も正確に記述するように思われた。ラプソディを吟ずる三人の登場人物——トリルビ、イングラム、キャスはそれぞれ、見すぼらしくて望みがない過去の生活の糸を取り、それを喜びの賛歌に、ありえたかもしれない美しさの、陽気で熱狂的で誇張した賛歌に織りなす。

こう作者が説明するように、愛の裏切りの追想に悩まされる三人に残される道は、愛の成就という自己欺瞞の幻想への逃避しかなく、否定のオブセションを逆転のファンタジーに変容する、経過と結果がドラマの筋である。

舞台の三単一を守りながら、時間も空間も、現実も「ラプソディ」も自在に操る構成の妙に加えて、文体の知的操作――キャスの粗野で騒々しい語りかけ、ハリー夫婦の上品ぶったもの言い、ホーム住人の潤色した「ラプソディ」のコントラストで、愛に飢え、「わが家」を求めるキャスの苦悩が巧みに描出される。

そして現代社会での疎外から、愛と「わが家」を希求する一生が、帰国した移民に限らないことを、観客は自ら感じさせられることになる。

ロビンソン『屋敷』

イギリスによる植民地支配で、渡来したアングロ・アイリッシュあるいはプロテスタント支配階級が、アイルランド・ナショナリズムの高揚で次第に凋落し、アイルランド人でありながら、自らのアイデンティティに苦悩するのは不可避となる。

豊かなプロテスタント支配階級の屋敷と、貧しいカトリック農民の小屋という社会構図から、屋敷は地位と権力と文化の独特の意味を担う。

株式仲買人から牧師に転じた父親をもつレノックス・ロビンソン（一八八六―一九五八）は、貴族地主階級の屋敷の盛衰を体験したのではないが、代表作『屋敷』（一九二六、アベイ劇場）は、アイルランド現代史の激流の中に屋敷を置き、その命運の必然性を理解しながら、新しい時代への適応の可能性を探る。

「何代もの疲弊、ヴィクトリア朝中期の痕跡が主な」バリドナル邸に住むオルコック家は、アングロ・アイリッシュの地主階級である。兄の死で屋敷を継ぐ当主は、ノブレス・オブリージュをわきまえ、周囲のカトリック住人と良好な関係を保つが、二五年住んでもなじめない夫人は、アイルランドに嫌悪と恐怖を抱く。同居する娘ケイトは理想家で、アイルランドの独立を支持し、アイルランド語を学び、地元のいろいろな委員会にも参加して、地域と住民にとけこもうとする。

第一場、一九一八年一一月、第一次大戦が終結する日で、長男が戦死した一家としては、次男ユーリックが戦場にいるだけに、喜びもひとしおで、無事な帰還を待ちわびる。

ケイトがロンドンで交渉のあったイギリス軍将校デスパード大尉が、前線から戻って屋敷を訪れ、ケイトにプロポーズする。長男の友人で、その戦死を看取ったデスパードは、「パブリック・スクール気質の、おきまりの上品ぶった階級のイギリス人」で、このあと節目に両国の関係を象徴して登場する、巧みな設定である。

しかし、「屋敷には何もかも関係あるわ。国も、国民も、すべてが」と信じて、屋敷を維持し、影響力を保とうとするケイトには、屋敷を離れたイギリス住まいは思いもよらない。その思いはユーリックも共有するはずで、兄の帰国を待ちわび、その幻を見さえする。
休戦の報せが入り、祝いの鐘を鳴らす最中に、皮肉にもユーリック戦死の電報が届き、ケイトのもくろみは消える。

子息たちをイギリス軍将校として戦場に送った、プロテスタント支配階級の典型的な家庭で、後継者の相つぐ犠牲はその衰亡の前兆となる。

第二場、一九二一年六月、両国の抗争が荒れ狂う年で、イギリス本土で集められた狂暴な集団、ブラック・アンド・タンとオークシスの導入で、襲撃と報復の陰惨な流血が全土をおおう。夜ごとの襲撃を恐れる夫人は、「罪を犯す狂人の社会」から逃れたいと望むが、リベラルだが無気力なオルコックは、踏みとどまるしかないと観念している。

兄たちの死にめげないで、屋敷の伝統を絶やさないように管理するケイトは、子守だったマギーがブラック・アンド・タンの犠牲になり、弔いに訪れるが、善意や好意では片づかない、歴史や宗教、教育や言葉からくる、カトリック農民との懸隔を自覚させられ、父に語る。

オルコック　連中は本当に家族の一部、われわれの一員だ。
ケイト　（陰気に）いいえ、全くそうじゃないわ。
オルコック　そうじゃないって？
ケイト　私たちじゃない、私たちもあの人たちじゃない。それが今晩悟った恐ろしいことよ。……

いざという時になって、あの人たちは本能的に私を無理やり離したわ。今夜だけじゃないの、そんな感じ。物心ついてからずっと気づいていたの。でもそんなこと乗り越えられると思っていた。

オークシスの制服を着たデスパードが、ゲリラへの報復の任務で、捜索のために登場する。ケイトへの愛情と任務への嫌悪もあって、矛盾した心境のデスパードは、他の場より興味ある現れ方である。しかし酔った不安でユーリックの幻に発砲するのは「メロドラマ的フィナーレ」（M・J・オニール）でしかない。

第三、四場、一九二二年二月の二日間、前年のアイルランド自由国成立をめぐって、自由国派と共和派が内戦に突入し、多くの屋敷が焼かれる。アングロ・アイリッシュの命運がかかる新しい事態で、バリドナル邸もその抗争に巻きこまれ、地代が入らずに不如意な生活が続く。

住民への違和感からロンドンに逃れ、一年近く秘書として働いていたケイトが、アイルランドからの「あらゆるゾッとする事件」の報道や、移住者の浮薄な言動に接して、場違いの疎外感にいたたまれず、ナショナリスティックな反動で、急に屋敷に戻る。だが、メイドの手引きで共和派ゲリラ兵が訪れ、自由国派への報復として屋敷の爆破を告げる。

翌朝、「もてあましものの屋敷」が焼き払われたのを契機に、すべてが終わったと喜ぶオルコック夫妻は、イングランド移住を決意するが、「屋敷はみな羽目を外していた」と見なす、失意と反抗のケイトは、プロテスタント支配階級の立場と屋敷の役割を改めて自覚する。

私たちが求められているると自惚れることはできないけれど、忘れられてはいない、無視されてはいないわ。……

今は「あの人たち」と「私たち」の違いを捨てたくはない。……私たちは違いを喜ばなければ、あの人たちが違いを誇るように、私たちも違いを誇らなければ。

時代の激変で衰亡が避けられないと自覚しながら、抵抗や敵対でなく、自己のアイデンティティを生かして、周囲のカトリックとの共生による屋敷の再興に賭けようとし、「私はバリドナルを信じる。これは私の人生、私の信念、私の国」と宣言する。

その決意がケイトにユーリックの幻の声を聞かせ、肯定する笑顔を見させる終幕になる。

イギリスから切り離され、カトリック大衆からも疎外されるプロテスタント支配階級を、作者は一つの屋敷の衰亡に象徴させる。屋敷へのノスタルジックな挽歌より、屋敷の伝統の主張になるが、アングロ・アイリッシュの事態の推移、分裂したアイデンティティを、冷静で公平な洞察で描く。

人物像は客観的であろうとするが、ケイトの覚醒と決意は立派でも、その立場は時代のナショナリズムでは許容されない。地域住民に同情しながら、敗北を受け入れるオルコックも、階級的尊大さとアイルランド嫌悪の夫人も無力で、プロテスタント支配階級は確実に衰えていき、カトリック優位を認める憲法下の少数派として、新しい国造りの指導的な表舞台から姿を消していく。

早くからイェイツらの演劇運動に参加し、五〇年間アベイ劇場に尽くしたロビンソン自身も、『屋敷』でのアングロ・アイリッシュの地位と役割への信念は、一時的な願望に終わる。

リード『磁器カップでお茶を』

北アイルランドの住民が、プロテスタントもカトリックも、自らのアイデンティティに疑問や矛盾を抱くことは避けられないだろう。

北アイルランド問題を、女性と家庭、女性とコミュニティの関連で捉える、女流劇作家クリスティナ・リード（一九四二―二〇一五）は、特に自らの出自である、ベルファストのプロテスタント労働者階級の女性を登場人物とし、その日常体験のエピソードを、基本的にはリアリスティックに提示する。

その第一作で代表作でもある『磁器カップでお茶を』（一九八三、リリック劇場）は、戦争や紛争の前面に立つ男たちの犠牲に対して、後方の家庭を守る女たちの受難という、ジェンダーの型にはまった傾向はあっても、北アイルランド、特にベルファストの女性を扱う佳篇である。

宗教とナショナリズムをめぐる対立で紛争が再燃し、暴力の抗争がはびこる、一九七〇年代のベルファスト。プロテスタンティズムと男性支配が強いロイヤリスト社会。しかもカトリック居住区との境界域で、互いの伝統的価値観で分裂する北アイルランド社会を背景にもつ。

一九三七年から七二年まで、激動の時代に家と家族を守るプロテスタント女性の三世代――祖母と大伯母、母サラ、娘ベスの物語で、一九七二年の現在から一連のフラッシュバックで語るベスの追憶劇である。

「ベルベットのソファーが象徴する、ベスのエレガントな家」に、「最初は祖父母、次いでサラが居住する小さな家」が重なる。イギリスの軍服を着る三代の男たちの肖像が、ドラマの進行につれて、次々に壁に掛けられ、時の経過を示していく。

二〇世紀のベルファストを揺るがす三つの戦争――第一次大戦の祖父、第二次大戦の伯父、そしてキプロス派兵の兄で、男たちがイギリス軍に従軍する誇りと犠牲で、プロテスタント家庭の典型となる。

男たちの栄光の肖像の下には、女性が代々受けつぐ磁器のキャビネットとティーセットが見え、劇中何度も繰り返される「磁器カップでお茶を」の儀式化した習慣から、女たちの家庭的絆がうかがわれる舞台である。

ソンムの戦いを生き残った祖父の教訓（祖母に言わせれば「ナンセンス」）が代々伝えられ、男たちは栄誉で報われるとしても、あとに残される女たちは、経済的にも精神的にも苦労し、戦争批判につながる。

男たちを背景に回し、従って戦争や政治を間接的に扱って、女たちを前面に出すドラマは、三世代の男たちの娘・妹・母であるサラの死の病いで始まり、その死で終わる直線的進行と、反復と継承の円環的構造をもつ。

同じ階級と宗教であっても、男性社会の偏見にさらされ、経済的に自立できずに、軽視されてきている、家庭の女性にしぼりながら、歴史を溯って、時代と社会、戦争と紛争に関わる広がりをもたせるのに成功している。

ベスが当事者と語り手として出来事と話をつなぎ、特に、女系家族の中心にいる、頑固なロイヤリストのサラとの母親関係と、カトリックのテレサとの交友関係が際立つ。

二人との関わりでベスは、プロテスタンティズムの思想と伝統が支配的な北アイルランドの複雑さと、硬直した男性原理の偏見と差別のもとで生きる、自らのアイデンティティへの疑問に直面していく。

オレンジ団パレードをもう一度見て死にたいと願う、サラの頑な価値観と偏見に影響されながら、男性支配に加担した母たちを疑問視する一方で、テレサを通して、カトリックの側でも、自分たちと似た境遇と価値観を受けつぐことを見出していく。

どんなに貧しくてもね、おまえ、私たちはよく働き、身なりも家の中も、きれいで上品にしている。それに立派なボーンチャイナとよいテーブル掛けをいつも持っているんだよ。

カトリックと比べて祖母が教えるような、宗派、ジェンダー、世代の間にある差異や偏見の中で育ち、苛立ちながら、深い絆の愛情と押しつけを拒む勇気で対処して、自らの道を選ぶベスの成長の過程を示す。母を核とする家族を語るベスの視点は、一見リアルであるが、語り手として時々客席に直接語りかけ、生まれる前の事も思い出す。簡単な装置と照明による時代と時間の操作とともに、柔軟な構造をもつ追憶劇になる。

深刻な状況下の現実を捉えながら、きびきびした会話と皮肉なユーモアが一貫する。「女性にはユーモアがあり、もちろんユーモアは基本的には頑迷さと偏見を滅ぼすものだと、私は考えます」と作者は述べる。

特に、家庭と社会のいがみ合いの中で、子供や若者として、またイギリスで娘を育てるシングルマザーの、テレサとの交友で、互いに吹きこまれた頑なな思想や偏見を知り、生理やセックスや出産の話題で、宗派を問わない無知をさらして、観客を笑わせる。

ベス　結婚しないと赤ちゃんはできないよ。
テレサ　結婚してないいとこがいるけど、赤ちゃんができたよ。
ベス　どうして?
テレサ　わからない。ママにそれも聞いたら、また叩かれたわ。

また、周りには玉の輿かもしれない、中流階級のスティーヴンとの結婚直前、ベスは苦衷をテレサに述べる。

あした結婚して、母さんの家からスティーヴンの家に移るの……母さんの娘から今、スティーヴンの妻になろうとしている……一度も自分であったことがない。これまで一度も物事を決めたことがないの。

うぶで従順な娘として、またプロテスタントの体面に従った不幸な妻として、成長に伴う女性の体験で、「わたしが誰だか……わたしが何だかわからない」と、自らのアイデンティティを疑うベスは、政治や宗教やジェンダーに煩わされる家と街から逃れようとする。

オレンジ・パレードが進行する中で、サラが死に、その軛を免れるベスは、夫に捨てられ、住む者がいなくなる家を売却して、自立への一歩を踏み出す。

義母が残した、アルスター製最高の磁器のティーセットから、カップ一個だけ隠し持ち、「磁器カップでお茶を」の上品ぶった習慣を受けつごうとする。親たちの信念や女性への偏見を退けながらも、ささやかな伝統を絶やすまいとする、屈折した妥協の幕である。

若い女性の視点と意識で、北アイルランドの現実の認識と変化の必要性を、バランスよく伝えようとする。

リードの作品は、ハッピーエンドをもたらしたり、提起する問題に安易な答えを出したりしない。むしろ、ある政治的状況がその中で働く人々に及ぼす矛盾と相違を問う試みである。そこから生まれる多くの作品は、直面せざるをえないイデオロギーをわかろうと努力する人々への人間愛と理解を常に見せる。（M・M・デルガド）

4. 女性と家族

アイルランドは家族の絆が強い国である。自由国として独立後、ナショナリズム政治とカトリック道徳観が、家族の価値と女性の役割をいっそう重視する。

家族について憲法は、「国は家族を、社会の自然的、第一義的、かつ基本的な単位集団として認め」、「社会秩序の必要な基礎、国民と国家の安寧に欠くべからざるものとして、家族を守る保証をする」と規定する。

そして時の首相は、「元気のよい子供が跳び回り、強健な青年がスポーツを競い、美しい乙女が笑い」、炉辺に集い、信仰に篤い、田園の「寛いだ家」という、牧歌的なヴィジョンをうち出す。

しかし、伝説の女性に国名が由来し、「母なるアイルランド」のシンボルを掲げ、カトリックのマリア崇拝が強い国で、女性が伝統的に尊重されてきたようでいて、実態はむしろ逆である。

憲法は続けて、「殊に国は、女性が家庭内の生活によって、それなくしては公益が達成されない支援を、国に与えることを認め」、「だから母親たちが、経済的必要から労働に従事して、家庭での義務を疎かにせざるをえないようなことのないように、国は努力しなければならない」と定める。家庭での母親・妻・姉妹であることを祝福し、女性の個人的権利や経済的自立を制約する。

女性の従順と献身が規範とされ、純潔と貞節が強調される。結婚は経済が重視され、晩婚や独身の傾向が強まる。離婚も中絶も避妊具も禁止され、性を扱う出版物や映画は検閲を受ける。

呑んだくれの無能な亭主、子だくさんの働き者の女房という、男性優位の家庭のイメージがあるほど、女性の社会的地位が低い文化風土の中で、妻として母として家庭を守る役割を果たす。

ジェンダーと性のそうした風潮に大きな変化をもたらすのは、一九六〇年代からの都市化、産業化、世俗化、核家族化、生活レベルの向上などで、欧米文化の流入やフェミニズムの影響もあり、アイルランドの女性は閉鎖的な生活伝統から脱皮していく。

特に近年、家庭内暴力、性犯罪、未婚女性の出産、国外での中絶など、隠されたスキャンダルの暴露や、カトリック聖職者の性的不祥事の反響で、白熱した論争が起こり、純潔と従順によるジェンダーと性の束縛からの変化が進行する。

その結果、避妊具が法的に認められ、同性愛が「解禁」され、離婚禁止の賛否が世論を二分する。守旧派と教会の圧力の中で、アイルランド社会は変貌し、婚姻率の上昇や結婚年齢の低下などで、若者人口が大幅に増加する国になっている。

これらは南の共和国のケースであるが、イギリスの一部をなす北のプロテスタント社会でも、男と女のダブル・スタンダード、母を中心として家庭を守る女性の固定観念は、似た傾向を示す。

家族、女性、性をめぐっても、当然演劇は時代の趨勢を反映する。

かつては、家族が集まる農家の台所の設定や、土地財産をめぐる仲人婚のテーマなどが、陳腐なほど繰り返された。

演劇運動の初期、性はほとんどタブーで、ナショナリスト＝カトリックの女性観を破って騒動を起こす。シングの『谷間の影』は、老人と結婚した若妻の不貞を扱うとして排斥され、オケイシーの『鋤と星』は、「アイルランドに存在しない」売春婦を登場させて、騒動の一因になる。

伝統的なジェンダー観は、「アイルランドに女はいないと言われる。ただ母親と姉妹と女房だけ」（Ｃ・リード）という台詞が要約するが、次第に、「あらゆる階級と信条のアイルランド女性が日々直面する、純化と従属の二重拘束」（Ｐ・マーフィ）の矛盾や葛藤が展開されるようになる。月並みな受身の姿や不快な存在でなく、もっとオープンに論じ抵抗する、現実の女性像を提示しようとする。

そして何よりも、長らく不在であった女性の演劇人が活躍する時代になってきている。もちろんステレオタイプを克服する女性と家族の演劇表現は容易でなく、また女性の視点や思考が、そのことだけで有効であるわけではないが、可能性の拡大は歓迎すべき状況である。

グレゴリー夫人『グローニア』

およそ五〇歳で、初めて劇作の筆を執ったグレゴリー夫人（一八五二―一九三二）は、年齢のハンディキャップと女性の従属的立場を逆手に取って、喜劇精神の横溢するファースを多く創って評価された。

しかし、演劇運動がナショナリズムと深く関わり、民衆の教化を目的とする時、グレゴリー夫人が歴史劇に着手するのは必然であり、その独創性と重要性を示すのが、『アイルランド民衆史劇』二巻六篇である。口承の歴史による史劇で、民衆の想像で彩られた歴史の中に、アイルランド的主題や個人的関心事を見出して劇化する。伝承にも正史にも基づき、武人も女心も扱い、悲劇も笑劇もあって、「その手法は再び歴史劇を書くことを可能にした」とシングに言わしめる。

第一巻の三篇『キンコーラ』『グローニア』『ダヴォーギラ』の主人公は、歴史を動かす女性で、『キンコーラ』の大王が王妃の裏切りを知って呟く、「あらゆる女の自惚れた心変わり」を共通の主題とする悲劇である。

男性の陰に収まれず、その権威に挑む、意志の強いヒロインは、自ら愛する男を選び、その情熱あるいは情欲が満たされない時、男を滅し、国の命運を左右する。

恋愛感情はアイルランド的主題とはならないとするグレゴリー夫人の『グローニア』（一九一二、出版）は、アイルランド伝説の代表的美姫を扱いながら、伝説のエピック的規模や神秘的要素を排して、当事者のみの「三角関係のドラマ」にし、夫人のテーマである「二つの忠誠心」と「女の自惚れた心変わり」を鮮やかに結実させ、女流作家の立場で深い心理的洞察を示す力作である。

第一幕、フィアンナ戦士団の指揮者フィンは、急に整った王女との結婚前夜、親子以上も違う年齢差に疑念と不安を隠せない。

王女グローニアは、婚儀の宝玉を運んでくるディアミッドを見て、急に心変わりし、挙式からの救出を懇願する。

心ひかれるディアミッドは、王女を突き放すことはできず、妻として道連れにするのでなく、奥方として保護すると誓言して、二人でフィンの面前から立ち去る。

おぼろな初めての恋心の相手が目の前に現れるのだから、動揺は当然としても、外国王との結婚を望む父王の意向に反してフィンを選んだ王女としては、突然の大胆な変心である。

フィンの右腕の勇者であり、身内でもあるディアミッドの「二つの忠誠心」の揺れが見られる一方、経験と知恵で愛と嫉妬を熟知するフィンは、愛を諭し、誓言の無理を説きながら、嫉妬で気を失う。

全三幕を通して登場人物をこの三人とする意図を、「〈愛〉そのものが、その影の〈嫉妬〉とともに、本当の主人公である時、それ以上必要とは思えませんでした」と作者は説明する。そのために伝説の背景と規模に欠けても、状況のエッセンスと人物の心理はよく伝わることになる。

第二幕、グローニアとディアミッドは夫婦として結ばれていることが直ちに見て取れる。ところがそれは、誓言を七年間守った純潔の果てに、ひょんなことでグローニアを抱いた外国王にディアミッドが嫉妬して、二人の垣根が取り除かれたばかりであることがわかってくる。

その結果に満足して、放浪を続けようとするディアミッドに反して、七年間も二人だけの放浪をいとわなかったグローニアは、宮殿と人中に戻りたいと望む。

ディアミッドの接近が、愛情より嫉妬からと直感するグローニアは、「変わるのは私の気持ではない、周りの生活なの」と言い、新しい状況に対応して心変わりする。ディアミッドとの愛を誇り、またその愛を焚きつけたいと願ってで、心理的には自然な変心である。

それを理解しないディアミッドは、またしても外国王に言及される屈辱から、グローニアを突き放す。愛情充実の瞬間が直ちに離反の始まりとなる、ドラマティックな心変わりである。

まさにその時、追跡を続けてきたフィンが、使者の乞食に変装して現れる。登場人物三人の力業は、実質的には四人目の人物を不自然な形で登場させる、大きな欠点を見せる。

自分のために誓言が破られた誇りと喜びを、グローニアは居丈高に語るが、仮装のフィンに揶揄されるディアミッドは、フィンを裏切った「二つの忠誠心」の恥と葛藤から、両手で顔をおおい、グローニアの哀訴を振り切って、外国王を追って駆け出す。

男を戸惑わせるグローニアの「自惚れた心変わり」は、七年間の感情の凝縮と性のフラストレーションからで、事態の急転に見合って、激しく二転三転する。

三人ともこの七年間をこそ問題とする『グローニア』は、モチーフに対する作者の思い入れから、伝承の枠を破り、不自然な技巧を越えて、ヒロインの心理劇になる。

第三幕、同日午後、フィンの変装と奸計を教えられるグローニアは、運びこまれるディアミッドの死体に嘆き悲しむ。ところがディアミッドはまだ死なずにいて、グローニアの懸命の呼びかけに耳を貸さないで、フィンに親しい情を示し、「いったい女のために主人と友人を見捨てるような男は大馬鹿者です」と笑いながら死んでいく。

フィンへの誓約を破った、グローニアとの愛の喜びは、一時的な逸脱で、最後までフィンにのみ忠誠を尽くすディアミッドの正体が、死の淵ではっきりする。

フィンは嫉妬の「物狂おしさ」が解け、ディアミッドを勇士として葬らせ、グローニアを自由にして、和解の大団円らしく思われる。

死に際で完全に無視したディアミッドへの「復讐」から、反発するグローニアはまたしても急激に皮肉な心変わりを示す。フィンの許に戻るときっぱり言って、嘲笑する軍団の前に進み出る。

フィン戸を開け、グローニアその手を取って広場に出る。嘲りの笑い声が聞こえる。グローニアたじろぎ、しゃがみこむ。……フィン、グローニアを助け起こす。いっそう大きな嘲りの笑い。……グローニア自ら戸を開ける。フィン、グローニアに腕を回す。再びどっと起こる笑い。しかしグローニアが歩み出ると突然やむ。

裏切りと復讐の説話自体で、グローニアの心変わりは最終的な興味ではあっても、前面に出てくることはない。ドラマはまさにそこに焦点を合わせ、説話が問いかける「謎」――「白髪の偉大なフィンを捨てて、魅力的なディアミッドを選びながら、なぜ私は最後には、ディアミッドの死に同意したフィンの許に戻ったのだろう」に答えている。

「良かれ悪しかれ、自らの人生の方向を二度わが手で決めた」強い意志をもつ女の、古臭くふがいない男の断罪とも言える激しい言動である。大きな振幅で揺れ動くグローニアの心変わりは、単に「自惚れ」の「移り気」や「背信」ではない。

愛と性を知らない男たちから押しつけられる女性観への反抗で、「女が変わると言われるけど、違う。男の方こそ月の輪のように回り変わるのよ」と、生々しい直截さで立場を逆転させる。

説話の「利己的で、軽薄で、無分別な」（E・ハル）グローニアとは異なる、自己主張する力強い女の「心変わり」に焦点を合わせ、女としての主体性と役割を拡大して、現代的な愛と性の内面のドラマを創っている。作者が自己を投影し、意に反して上演されなかった『グローニア』は、グレゴリー夫人の評価を決定する代表作である。

カー『ポーシャ・コフラン』

草創期のグレゴリー夫人を除いて、圧倒的に男性優位のアイルランド演劇界に、近年しだいに活躍が目立つ女流劇作家の中で、最も注目されるのはマリーナ・カー（一九六四―）である。

最初の話題作『暗がりで低く』は、男性の女装と妊娠という倒錯や、体をカーテンでおおう女の語り手の登場など、不条理劇のような超現実的実験で、男性の女性観や社会に決められるジェンダーをパロディ化した。

その後カーは、プロットと人物を重視するリアリズムに近づく作風で、出身地のアイルランド中部の家族と言葉によって、女性の視点、女性の体験を――生と死、愛と性、あるいは疎外と抵抗、絶望と夢想をテーマとする連作で、高い評価を得る。

アイルランド演劇によく登場した、夫や子供のために自らを犠牲にする受身の女性像や、妻や母として社会や男から理想化されるイメージから程遠い、因襲や偏見で異端視されるヒロイン像で、その暗い情念と抵抗の生きざまを描く「三部作」の一つが、『ポーシャ・コフラン』（一九九六、ピーコック劇場）である。

三〇歳の誕生日当日のポーシャは、親の薦めるラファエルと結婚して一三年、三人の息子をもち、夫も事業に成功しているから、満たされた生活を送っていると考えられそうだが、「ナイトドレスとスウェットシャツ姿」で、朝一〇時、カーテンを閉じた居間で、「乱れた髪、裸足で、酒を片手に、前方を見つめて立つ」開幕から、一見して苦悩の姿、疎外の生活を示唆する。

祖母から息子たちまで、四代にわたる一族の運命がポーシャに集約される。「州一番の金持の男の一人と結婚し、美しい家、美しい着物、あらゆる美しいもの」に恵まれたポーシャは、片脚が不自由な夫の干渉に堪えられずに、感情と性の不満を、子供や家事に無頓着な情事で紛らし、長年の愛人をもちながら、行きつけの酒場のバーテンの誘いにも乗る日々を送る。

また、高齢の祖母や「売女」の伯母など、奇妙な女系家族の物語で、女としての役割を主張されるポーシャは、社会的呪縛、心理的プレッシャーのもと、孤独感と疎外感で現実に対処できずに、破滅的な生き方をするアンチヒロインである。

非道で不快な言動に満ち、肉体をもてあますポーシャは、世話女房と対極的な異様さであるが、逆に不甲斐ない男たちや不自由な家族に我慢できない、情熱的で自由な女でもある。

人生への失望と怒りで追いつめられるポーシャは、他方では、一五年も前に溺死した分身、双子のガブリエルを常に身近に意識し、その美しい歌声に取りつかれ、川岸を歩いて弟の面影を求める。煩わしい夫婦と家族の絆を断って、ガブリエルとの一体感を願いながら、夫に打ち明けても到底理解は得られず、かつて弟との死にひるんだ後悔から、自ら命を断つしかないと考える。

舞台は開幕から、居間のポーシャと川岸のガブリエルに同時に照明が当たり、「二人は奇妙に互いのポーズと動きを反映」して進行し、ガブリエルの歌声はポーシャにだけ聞こえる。

カーの創作は、リアリズムを取り戻しても、神話やファンタジーやシンボルと切れていない劇世界であり、表面を剝ぎ取って、人間と社会の深層を捉え、暗示するのを特徴とする。

現実と亡霊にまたがるポーシャの、取りつかれた言動がドラマを動かし、ポーシャの心霊状態と土地の精神風土を表す。特に女性の愛と性の複雑さ、女性を縛る家と社会の軛を示唆して、暗い運命の劇になるのは不可避である。

それがギリシア悲劇のような怖れと憐れを呼び起こすのは、一つには、抑制できない激情や憎悪に支配されるヒロイン像からであるが、特に近親相姦の示唆である。ポーシャとガブリエルの双子の間だけでなく、ポーシャの両親は異母兄妹であり、さらに祖母の母子相姦までほのめかされる。カーはたびたびギリシア悲劇を下敷きにし、『猫の沼の辺で』は『メディア』を、『エアリエル』は『アウリスのイーピゲネイア』をなぞらえる。

短い第二幕で、ガブリエルのあとを追って、ポーシャが入水したことが示される。弟との約束の遅ればせの実行であり、家庭人として失格者の無言の逃避であり抵抗である。

ベルモント川岸に家族、知人が集まる。

夕方、サーチライトが川をさっと照らす。彼らが黙って立つところへ、滑車が川からポーシャを引き上げる。ポーシャは空中に上げられ吊るされて、川の水、苔、藻、蛙の卵、睡蓮を滴らす。ガブリエルが対岸に離れて立ち、横顔で歌っている。

葬儀の集いのあと、第三幕では、第一幕のポーシャ誕生日の翌日、生前最後に戻って、自殺の理由を探る「心理的検死」（F・オトゥール）になる。自殺前のポーシャの姿で、その混乱した心境を示し、とまどう人々の姿で、一族の隠れた秘密の手掛りを与える。

第二幕と逆転する時間操作で、ポーシャは「生者と死者の世界の中間で捉えられ」（A・ローチ）、「日本の劇の亡霊のように、生き、死に、戻って再び生きる」（マクギネス）構成と言えよう。

ドラマはポーシャ夫婦が、互いに見初めた「恋の話」になりながら、ガブリエルとの一体感で抵抗するポーシャの告白で終わる。

わたしがガブリエルについて話すように、あんたについても話してほしいと言うけど、できないわ、ラファエル、できない。誰もが何もかもが、ガブリエルを忘れるべきだと言うけど、できないわ、ラファエル、できない。（ラファエル退場。勝ち誇るガブリエルの声）

元来、作者の郷里の方言を音声表記する、馴染みのない独特の言語様式で、カー劇は基本的に言葉の真実と詩によるが、開幕のポーシャの登場や、第二章の入水の死体など、視覚的、肉体的にも印象深いイメージを使う。

また地域性に密着しながら、アイルランド中部ミッドランドは「諸世界の交差点のメタファー」であり、個性と原型、日常と伝承、現世と後世、現在と歴史の交錯で、いわばルーツと永遠の相のもとで、女性を捉えようとする。ラファエルやガブリエルだけでなく、『ヴェニスの商人』を連想させるポーシャやベルモント川の命名は、その意図からであろう。

家族の近親相姦や聖職者のセクハラなどのスキャンダルで、アイルランドの家族の不全や社会の思わぬ暗黒面が暴露される近年、現実がポーシャの悲劇をホラー劇にしない。ジェンダーと性を、家族の中の女性像で探り、現実に抑圧される女性の視点で、男性との関わりを鋭くえぐるカー劇は、知的にも感情的にも普遍性をもち、それをリアリズムを越える多層あるいは深層で表現する、優れたドラマである。

フリール『ルーナサの踊り』

フリールの母親姉妹をモデルとする自伝的な『ルーナサの踊り』（一九九〇、アベイ劇場）は、追憶劇の抒情的な輝きを帯びる人気作である。

語られるのは一九三六年の出来事――マンディ姉妹が初めてラジオを手に入れた興奮と、姉妹の兄ジャックの二五年ぶりの帰国と、私生児マイケルの父親ジェリーの二度の来訪で、一家が崩壊する最後の年の夏と秋の二日の思い出である。

思い出を語るマイケルは、当時七歳の子供で、舞台に登場せず、ドラマ全篇は大人マイケルの追想と語りで、子供の観察と驚きに、大人の解釈と皮肉が重なる回想になる。

アイルランド北西部のバリベーグのはずれで、ひっそりと暮らすマンディ姉妹は、それぞれの悩みや互いの緊張の中で、助け合って生きている。

五人は四〇から二六歳のもう若くはない年で、いずれも未婚である。しかも非摘出子の存在や、兄の醜聞で地域から疎外され孤立する家族である。

「責任と義務と良き秩序」を重んじる堅苦しさと教師の給料で、一家を支える長女ケイト。パン焼きや鶏の世話など、家事一切を受けもち、最も元気な次女マギー。内省的で力を秘めながら、手編みでかろうじて家計に寄与する三女アグネス。妻子に逃げられた男に誘惑され、性に目覚める「頭の弱い」四女ローズ。そして一九歳で未婚のままマイケルを産んだ五女クリスの五人姉妹である。

ナショナリズムの高揚した世代の生まれである姉妹にとって、保守的なカトリック倫理で窮屈な新生アイルランドである。女性の社会的役割を家庭内の妻と母と規定する、新憲法が起草される年で、外で働きにくくなり、また産業化の波及とイギリスとの経済戦争で、内職もままならぬ状況である。

辺鄙な地域の女の園への、二人の男の出現が、感情的にも貧しい姉妹に波紋を投げかける。アフリカで二五年間、ハンセン病患者のために尽くした司祭で、一家のみならず、村の誇りでもあった兄ジャックが、布教に失敗し、現地の異教に染まっただけでなく、いかがわしい不祥事で送還され、心身ともに定かでない。

行商やダンス教師など、なんでも屋のジェリーのたまさかの来訪は、マイケルの父として、姉妹に寛大に迎えられる。暢気な道楽者、無責任な異邦人にすぎないが、男ひでりの環境では性的魅力を発揮する。ヨーロッパでファシズムが猛威をふるい、スペイン内戦が起こる一九三〇年代で、ジャックのウガンダ布教も、ジェリーのスペイン従軍も、アイルランドの閉ざされた小さな世界のことではない、破局の緊張と恐怖をもちこむ。

母親代わりに一家を支えるケイトの不安は、複雑な国際情勢の反映でもある。

突然気づくの、いたるところにひび割れが表れ、コントロールが失われ、すべてが脆くなってあまりもたないって。みな崩れかかっているの。

マイケルの三つの思い出は、いずれも踊りと関わるが、その圧巻は、収穫祭「ルーナサの祭り」に行きたくても行けない姉妹が、ラジオから流れる伝統音楽に合わせて、パートナーなしで、一人また一人と踊り出し、狭苦しい台所と庭で狂ったように踊り続けるシーンである。

ルーナサの踊りは、収穫を祝う古代ケルト文化の名残りで、豊饒神ルーを祀る異教的な踊りであるが、マギーの挑発に応じる姉妹の「グロテスクな踊り」、「意識的に秩序を覆し、意識的に露骨に自らをカリカチュア化し、ヒステリーを起こしたような」踊りは、ト書で振付が詳記される。

マギーは口をあけ、荒々しく騒がしく「ヤー！」と叫び、直ちに腕、脚、頭髪、長い靴ひもを翻して踊り始める。踊りながら軽快に歌い、叫び、「さあ一緒に、さあ、さあ！」と呼びかける。一〇秒ほど一人で踊る、白塗りの顔の狂気じみた異教の踊り僧である。姉妹たちはマギーを見つめる。

そして教会の教え、世間体、年齢で、異教の踊りに行くことを批判したケイトさえ、最後に加わって、一人離れて踊り出す。

姉妹の踊りは、背景の裏山でのルーナサの踊りに呼応して、底流にある異教的ヴァイタリティを示唆するだけでなく、ジャックが異様な摺り足で踊るアフリカの祭儀の踊りと、またマイケルの父母の結婚の儀式に代わる無言の優美なダンスともコントラストをなす。

姉妹自身も心を乱される踊りは、「親切で分別ある女性たちが狂い、金切り声を出す別人に変わる」のを目撃する子供マイケルの驚きと疑問の印象であると同時に、振り返る大人マイケルの理解と寛容の表現でもある。

抑圧される女性のフラストレーション、秘められたエロス、デモーニックな怒りの表れであり、自暴自棄と喜び、反抗と逃避の叫びと踊りで、狂気すれすれの激しさでありながら、自然で雄弁な生命力の解放でもある。

劇中で最もインパクトをもつシーンが、極めて演劇的な踊りで演じられ、音楽、装置、衣裳で補強されて、台詞のない肉体のパフォーマンスが効果的である。

センチメンタルなノスタルジアになりかねない追憶劇であるが、この夏を境とする一家の悲劇的結末を知るマイケルは、それを舞台で見せずに、姉妹の酷しい運命を、途中で語る。

兄の送還で教師の職を失うケイトは、恋心を抱く村男の子供の家庭教師に甘んじる。マギーはかつての踊りのコンテストのライバルの結婚と子供を羨む。工場の進出で手編みの仕事がなくなるアグネスとローズは、家出し、ロンドンでホームレスとして死ぬ。そしてジェリーの求婚を断わり続けるクリスは、女工の仕事を嫌悪しながら働くしかない。スペイン内戦で怪我して踊れなくなるジェリーは、後年、妻子のある移り気なウェールズ人であることがわかり、ジャックは心臓発作で死ぬ。

マイケルの回想は、変革期の一九六〇年代から、一九三〇年代へ自由に往き来し、将来をも語って、三つの時期の尺度をもつ。その「二つの反応、ノスタルジアと悲劇の意識のバランスこそすべてである」（C・マレー）。

マイケルの語りで開幕し閉幕する枠の『ルーナサの踊り』は、男性の視点による追憶であることに留意しなければならない。姉妹たちの踊りが、言葉で表せない心の内を表現し、女性を前面に出す女性劇であるが、離れて客席に語るマイケルの、いわば掌中で踊る姉妹たちである。

マイケル最後の台詞、「言葉はもはや必要でないから、言葉がもはや存在しないような踊り」、そして作者の説明、「感情の高まる時、言葉は役に立ちません。言葉はなぜか枯渇して、言葉は正確さ精密さを失ってしまいました」は、言葉を重視してきたフリールの新境地の表白でありながら、言葉は重要性を失っていない。『ルーナサの踊り』は「語りと演技の理想的なバランスをなす」（Ｅ・アンドリューズ）と言えよう。

マクギネス『ドリー・ウェストのキッチン』

第二次大戦の「非常時」に、中立を守って孤立する南のアイルランド自由国と英国領の北アイルランドの接点に設定する『ドリー・ウェストのキッチン』（一九九九、アベイ劇場）は、マクギネスのテーマである、異質の他者の両側面――性と国の境界をまたいで、それまでの作品傾向を引きつぐ。ただ、ドニゴール州ブンクラナの舞台に、連合軍のアメリカ兵が登場して、「オープンな性的関心」と「進んで戦う、大義へのコミットメント」（Ｈ・ロジェク）を持ちこむことになる。

ウェスト一家は中流階級で、周囲から孤立しながら、開放的でもある。その中心にいるのは、ドリーたち三姉弟の母親リマで、国境や歴史への偏見のない親切な活力で、「すべての国民を歓迎」と口にし、パブで出会うアメリカ兵を「大きな天使、人間の神々」と呼んで、家に連れてくる。

「好き勝手なことを言うひどい女」と自称する遠慮のない物言い、エチケットに無頓着あるいは反抗的な笑い、向こう見ずな元気で、子供たちには時に迷惑な母であるが、開放性と思いやりで生彩を放つ、いわば現代版「母なるアイルランド」である。

しかしそれは、アイルランド伝統のホスピタリティであるより、子供たちがそれぞれに愛と性の問題を抱えていることを知っていて、アメリカ兵の力を借りて、孤独な悩みから救おうとする「悪さよ。良くないかしら？　ちょっとした悪さ」である。

だから「さまざまな性を、人に本来備わる孤独と残酷性との関わりで、明瞭に率直に直接に描く」（H・ロジェク）ことになる。実際、子供たちと相手の性的志向は、ストレイト、ゲイ、バイセクシャルと変化に富み、そのどれをも特別視しないリマの性の観念は、因襲的な先入観も保守的な当代通念も越えて、大胆率直である。

リマの努力の結果、「中立の軍の中立の妻を守る中立の男」アイルランド軍下士官ネッドとの不毛の結婚に行きづまっている長女エスターは、アメリカ兵の一人ジェイミーと恋仲になるが、妊娠してネッドと郷里に残り、屋敷を守ることにする。

次女ドリーは、バイセクシャルの旧友、敵対したイギリスの士官アレックとの、煮え切らない関係に折合いをつけて、これまで怖れたイギリスに移住の決心をする。

（アレック、ドリーの手を取る。その手を自分の股から両乳まで動かし、ドリーの手にキスする）

ドリー　あなたに必要なのを教えて、女なの、男なの？

アレック　両方さ。

ドリー　わたし両方ともできるわ。（アレックに激しくキスする）

同性愛を抑え隠す、頑固なイギリス敵視の長男ジャスティンは、もう一人のアメリカ兵で、オープンなゲイのマルコをパートナーにして、「歪んで、けちな、女々しいゲイ」から脱し、戦後一緒にイタリアへ向かおうとする。

そして私生児で、尼僧院育ちの女中アナは、エスターが夫の許に戻るため、ジェイミーとアメリカに発ち、結婚しようとする。

愛というより性の悩みを抱える人物たちは、ステレオタイプでなく、それぞれ見事に描き分けられている。このようなハッピーエンドに導いていくリマは、刺激と仲介の手助けの途中で死んで姿を消す。やや誇張された開放的魅力の、触媒的人物である。サロン風のキッチンを通して、リマの後釜になるべきドリーは、他の人物たちと同列になっていく。

もう一つのテーマである異国異文化は、「この戦争が私たちみんなを変えた」とエスターが言うように、世界の片隅の一家に侵入して、広がりを見せる。

イタリアで数年間レストランを経営していたドリーは、ムッソリーニ支配から逃れて帰国しており、ジャスティンとアレックは、軍人あるいはナショナリズムで、両国の対立関係を続ける。だが中立を貫いたアイルランドが、北アイルランドに駐屯するアメリカ軍と協力することから、アメリカとの関係が比重を増し、二人のアメリカ兵が代表する。

特にマルコは、同性愛などの異端者を迫害するナチスドイツのホロコーストへの憤りを吐き出し、「いったい俺がなぜナチスと戦っていると思うんだ」と、戦う姿勢で中立国アイルランドに対峙する。イギリス人アレックも戦場の悲劇を語る。

ドリー　何を見たのか話して、アレック。

アレック　子供たち、死んだ子供たちだ。地上から焼き払われた、何百万人も。俺たちは彼らに救われたんだ。無垢の子らに。この町を歩くと……

ドリー　ブンクラナよ。

アレック　戦争を知らない町。子供たちを失っていない。失わないでほしい。

ドリー　そんなこともし起こったら、私たち自身のことになるわ。

アレック　お互いにそんなことするかい？

ドリー　あなたの見たあとで、アレック、私たちみんなに何ができるかわからない？

大戦が影を落とし、将来の紛争まで匂わせながら、舞台は外の動乱に煩わされない、孤立した小宇宙であり、私的な性と公的な戦争の両立は、リマの死と戦争の経緯で崩れかねない。すべては孤独と満たされない性の一時的解決によるハッピーエンドにすぎないのではと危惧される脆さである。

国籍、年齢、性志向の異なる登場人物たちは、アイルランド人同士のエスター夫妻を除いて、結局、別の広い世界を求めてアイルランドを去り、ウェスト一家は離散する。パンとワインの最後の食事は、平穏と和解の儀式でありながら、困難と危険の予感を避けられない。

『ドリー・ウェストのキッチン』は、マクギネス劇の「異質の他者」の二つのテーマ、異なるジェンダーと性と、異国と異文化が並行し、その集大成になりうる作品でありながら、そうした大作にはならない。

一つには、戦時下で異国の兵士たちが出会い、また、その後のアイルランドに大きな影響を及ぼす南の中立政策が問われていながら、愛と性に重点があって、両方の主題が相補的相乗的にならず、それぞれ別の領域と感じさせるからである。

一つには、アイルランド演劇に通有の農家の台所を、屋敷のキッチンに換え、多様なアウトサイダーの導入を図りながら、アイルランドを象徴させるのは無理を伴うからである。

しかし、偏見や障害を越える性の率直な表現と、中立国アイルランドを越える国際関係の考察で、刺激的な意欲作であり、第一次大戦への北の参戦を扱う『アルスターの息子たち』と好一対になりうる。

5．笑いと言葉

アイルランド演劇の「喜び」は、喜劇の笑いと言葉の楽しみに表れる。

笑いは元来、人間と社会に対する肯定と喜びの表現で、若さや美しさや愛の感動であり、言葉と詩、歌と踊りによる生命力の発現、魂の解放である。だから逆に、人間の愚かさや社会の不正などの「悪と戦う武器」になり、「呪いと祈り」が「笑いの威力」（オケイシー）である。

抑圧と貧困の歴史を経て、無数の死者を背景にもつアイルランドが、悲劇よりも喜劇と結びつくのは不思議であるが、笑いは苦難に対する防御柵、逆境からの避難所になり、生きるための本能的手段である。

アイルランドの笑いはコミック・リリーフであるよりも、陽気な馬鹿騒ぎにさえも、幻滅や怒りが見え隠れし、真剣な軽さ、惑わすおかしみ、涙をたたえた笑いになることが多い。

だからアイルランド喜劇は、オーソドックスな価値観や支配的な社会思潮に基づくよりも、ディタッチメントによる皮肉や風刺、アイロニーやグロテスクな笑いを特徴とする。

無害な娯楽よりも、不幸な現実に刺激され、滑稽と苦悩が不可分に混合して、喜劇性がシリアスなブラックコメディに、悲劇性がそのまま喜劇に転じる悲喜劇になることが多い。「悲しい喜劇」（N・グリン）や「不敬な喜劇」（D・クローズ）である。

『勝負の終わり』のドラム缶に閉じこめられる老女は、「不幸ほどおかしなものはありません……世の中で最もコミカルです」と言い、『バリャガンガーラ』の祖母は「不幸」をネタに、夫に笑いのコンテストを続けさせる。マクギネスの『有為転変』の中のアイルランド詩人は、「本当は泣かなければならない時に笑うのは、私たちの習慣であり風習です」と説く。

泣かないために笑う方がましという考え方で、ベケットは「不幸なことを笑う笑いこそ、笑いの中の笑い」と言い放つ。

デビュー作で、一躍寵児となったマーティン・マクドナーは、残酷なメロドラマ、タブー破りのホラー、際限のないグロテスクさで、笑いを産み出す。

アイルランド演劇の「喜び」は言葉にある。話し好きな国民性だから、所作より台詞の演劇、劇作家の演劇になる。言葉の豊かさとヴァイタリティの才能があり、抑圧された歴史的必然で、言葉の意識が鋭く複雑である。

ナショナル・アイデンティティと関わるアイルランド語は、農村の疲弊や人口の流出、貧困や劣等の連想、あるいは英米の英語圏にはさまれていることで、衰退し、日常生活の実用言葉の英語の力の前に挫折して、演劇はほとんど英語を用語とする。

言語の断絶を克服するゲール語再興運動の一環として、ダグラス・ハイドの小品群は、アイルランド語を使って、草創期の作家に示唆を与えたが、支配階級の劇作家たちは、アイルランド語自体より、その影響が濃い英語の方言の美しさにひかれ、農民言葉の不思議なリズムや独特の詩的情趣に魅力を感じて、その言葉と文体で創作する。風変わりでわかりにくいという反応もあるが、イギリス英語とは違う独自性を示す。グレゴリー夫人やシングは、西部の田舎で現実に話されている農民の日常語を活用し、土俗的な香りと美しさを目指す。その後、オケイシーやビーアンなど、都市部の言葉にも広がって、アイルランド演劇は方言の魅力を発揮する台詞劇になる。

炉辺の話などストーリーテリングの伝統があるアイルランドでは、語りあるいはモノローグが用いられることが少なくない。言葉の力とストーリーへの喜びが基本にあり、アイルランドの口承文化に有効である。グレゴリー夫人の小さな傑作『噂の広まり』は、おしゃべりなアイルランド人の「神話作り」の狂騒であり、シングの『西の国のプレイボーイ』はストーリーテリングの真偽をめぐる悲喜劇である。

新しくは、三人の四つの長いモノローグで、霊感療法の旅について語る、フリールの『霊感療法師』や、グロテスクな老婆の饒舌な語りで一貫する、マーフィの『バリャガンガーラ』の傑作があり、若手では、ほとんどモノローグのストーリーに頼るコナー・マクファーソンの人気作などが出てくる。

オケイシー『ジュノーと孔雀』

オケイシー劇で最も人気のある『ジュノーと孔雀』（一九二四、アベイ劇場）には、何よりも人物造形の巧みさがある。

ダブリンの貧民街、共同住宅のボイル一家は、貧しい労働者階級の一つの典型である。酒びたりで働こうとしないのに「孔雀」気取りで、無責任なまやかし「船長」の父親ジャック。暢気な夫に苛立ち、子供たちの「主義」を疑いながら、一家の要となって貧乏をしのぐ母親ジュノー。境遇に反発しながら、不幸に見舞われる、元ＩＲＡ兵士の浅はかな息子ジョニーと、ストライキ中の工員娘メアリー。そして追従とおしゃべりでジャックに寄生する、日和見のジョクサー。

これらの登場人物は、明確な輪郭、個性的な台詞、皮肉な滑稽さ、そして人間性のコントラストと相互の関係で、申し分のない豊かさをもつ。欠点も矛盾も併せもちながら、単なるコミック・リリーフでなく、貧しい生活臭に満ちたラウンド・キャラクターである。

日々の生活もままならぬ一家に、遠い親戚からの遺産話が舞いこんで、事態が一変する。もはや肉体労働は不要と考えるボイルは、家長面を取り戻し、ジュノーはローンで「俗悪な」贅沢品を買い漁り、子供たちはそれぞれの「主義」の苦悩から逃れようとする。

ジュノーの日銭しか当てにできない一家が、降って湧く遺産騒動に振り回され、金を手にしないうちからパーティで浮かれるのも、無理からぬことで、オケイシーの喜劇の才能が遺憾なく発揮される。

しかし、見事な人物造形は、「舞台のアイルランド人」に近い、型にはまった家族のホームドラマとも言え、夢と消える遺産騒動も、ウェルメイドな筋運びである。もちろん内戦のアイルランド、ダブリンのスラムの背景、その混乱の渦中で一家が離散していく経過が重要で、陳腐にならない要素をもつ。

その一つは、作者が息子ジョニーのドラマと考えていたという証言（Ｇ・ファァロン）による。

独立の契機となるイースター蜂起と、自由国成立直後の陰惨な内戦で、体を張った活動で重傷を負ったジョニーは、近隣の元の同志を密告し、その死に罪悪感を抱いてノイローゼ気味であり、結局は共和派ゲリラの仲間に報復で射殺される、アンチヒーローである。

ヒステリックな言動の謎が徐々に明らかにされていき、ファースの暗い底流をなす。アイルランド現代史で、いささかの明るさもない、複雑な状況と心理の人物で、息子の惨劇が一家族を越えて、国の事態と関わる。

ただ、ナショナリズムの闘争と分裂の背景で、ジョニーの裏切りと報復の悲劇と、父親ボイルの滑稽さを、皮肉なコントラストにする時、遺産騒動の圧倒的にコミカルな印象の中で、ジョニーの影が薄くなるのは避けられない。

もう一つは、実現しない遺産によるボイル一家の混乱と崩壊が、国家の独立をめぐる紛糾のアレゴリーになりうることである。

得体が知れないイギリス人教師ベンサムがもたらす遺産話は、書類の不備のため立ち消えになる。ボイルは酔っぱらいのまやかしに戻り、ジュノーは中産階級の夢に破れ、組合のリーダーからベンサムに乗りかえ、身をまかせたメアリーは、妊娠したまま見捨てられる。

無責任なイギリス人の遺産話と、遺言状の不備に発する一家の崩壊は、イギリスとの条約の可否で起こるアイルランド分裂と内戦を連想させる。

イギリスとの和平条約の文言をめぐって、自由国は条約締結派と反対派の内戦に突入する。陰惨な抗争で有為な人物が大勢犠牲になり、独立のバラ色の夢は急速に褪せて、統一アイルランドは霧散し、北アイルランドを除外する中途半端な独立が今日まで続くことになる。

これらを考慮すると、『ジュノーと孔雀』はウェルメイドのメロドラマどころではない。ジョニーのように作者の意図を裏切るにせよ、アレゴリーのような大きな意匠を隠すにせよ、人物の喜劇と状況の悲劇が織りなす悲喜劇になる。

しかし、内戦の背景がなくても、『ジュノーと孔雀』は悲喜劇であると言える。

便宜的なステレオタイプのベンサムを除けば、生彩ある台詞による日常の言動が笑いに満ち、遺産を当てに安逸を求める滑稽さが皮肉に描かれながら、その笑いや滑稽が家庭崩壊の現象であり原因でもあって、喜劇と悲劇が並行し、悲劇がほとんどファースとして展開される。

第二幕、遺産話で飲みや歌えの浮かれ騒ぎの最中に、ジョニーの密告で殺されたタンクレッドの葬送者たちが現れる。ジョニーとメアリーを襲う運命と一家の境遇の急変に気づかずに浮かれるパーティで、雰囲気でもスタイルでも悲喜劇を展開したあとで、その最も優れたシーンが第三幕のラストにくる。

同志への裏切りでジョニーが殺害され、妊娠したメアリーがベンサムに逃げられ、メアリーを連れてジュノーが家出し、家具もすべて持ち去られる一家の崩壊が、『ジュノーと孔雀』を作者が「悲劇」とする理由であろう。しかしそれで終幕ではない。

貧困を偽る見かけ倒しも、ナショナリズムの連帯感も、装置とともに無に帰した、がらんどうの家に、酔っぱらったボイルが、ジョクサーとともに足取りも覚束なく帰宅し、何も異変に気づかずに、くずおれる。

もう進めねえ……ポリ公が二人……ここで何しとったんだ……とにかくよからぬことだ……それにジュノーとあのひでえ娘が一緒だ。（ポケットから六ペンス硬貨を出して眺めて）借りた全部から残ったのは、たった一枚の六ペンス硬貨か……（硬貨を落とす）モヒカン族の最後とくらあ……飲みや歌えは終りだ、ジョクサー、飲みや歌えは終りだ！

そして、「おれは復活祭週間に……応分の……ことをした」だの、「ボイル船長はボイル船長！」だのと叫んだあとで、「はっきり言うがな……ジョクサー……世界中が……ひでえ……混沌……状態だ！」で幕になる。

このラストがなければ、直前のジュノーの悲嘆と決意、そして「聖なるイエスの御心よ、私たちの石の心を取り去って、肉体の心をお与えください！」という祈りの、いわば感傷の幕になる。

利己的で多弁なボイルのポーズは、無為無能の実態を隠す皮肉な滑稽さであり、しかも繰り返す「ひでえ……混沌……状態」は、ボイル個人を越える広い意味を担う。観客を笑わせながら当惑させ、そのためにいっそう絶望的である、見事な終幕で、作者の言うように、「喜劇のハイライトで（かつ悲劇のハイライトでも）ある」。

内戦の悲劇の外枠と突然の遺産騒動の組み合わせに、少し無理があるとしても、豊かな喜劇性、痛烈な皮肉、「死と生、聖と俗の近接する」（N・グリン）見事な対比の、悲喜劇のスタイルで、オケイシーの代表作になる。

マクドナー『リーナーン一の美女』

アイルランド演劇界にデビューするなり、一躍寵児となったマーティン・マクドナー（一九七〇—）は、さまざまの矛盾を兼ね備える作家である。

アイルランド人の両親のもと、ロンドンで生まれ育ちながら、舞台は現代のアイルランド西部の片田舎に設定する。ウェルメイド劇の定石的プロットとステレオタイプの人物でありながら、辛辣な笑いと無気味な暴力のグロテスクな喜劇を展開する。

第一作『リーナーン一の美女』（一九九六、ドルイド劇団）は、アナクロニズムかポストモダニズムか決めかねるドラマツルギーで、観客の反応を操り、予想をくつがえす、ブラックコメディである。

アイルランド劇で月並みな「アイルランド西部の田舎家の居間兼台所」に、七〇歳の老母マグと、その世話をする四〇娘モーリーンが住んでいる。

一見、寂しい村の平凡な日常、あるいはノスタルジックな田園生活のイメージであるが、互いに疑念と敵意で干渉しながら、共存している二人は、専横な無作法や無気味な暴言で挑発しあう、異常な母娘である。

老いの衰えで、揺り椅子生活の「太って、弱い」母親は、娘の世話になりながら、子供じみたわがままで、食べものに文句をつける一方で、娘の移民や結婚で見捨てられないように、浅ましい意地悪で騙す。しかも、尿毒症を患う尿を流し台に捨てて、悪臭を猫のせいにする、狡猾で気むずかしい醜女である。

絶え間ない母の世話で、結婚の機会を奪われる「不器量で、きゃしゃな」娘は、かつてはイギリスで働いて、神経を病んだ、孤独でわびしいオールドミスで、世話の束縛と性の抑圧で欲求不満が募り、「どんなことでも、こうでなければ」と、大胆な男遊びや母の死さえも夢想する。

滑稽と不安、平凡と皮肉が交錯するドラマは、イギリス出稼ぎから一時帰国のペイトーの登場で急転する。近所で旧知のペイトーとあるパーティで出会うモーリーンは、家に誘って一夜を共にする。同年輩で人のよいペイトーは、酔っていてセックスはできなかったが、翌朝、ブラジャーとスリップ姿のモーリーンは、ペイトーの膝にまたいでキスして、母に見せつける。

先夜の不能を詫び、一緒にアメリカに行こうと誘うペイトーのプロポーズの手紙を、老人ホーム送りを嫌う母が盗み読みして燃やし、娘のラスト・チャンスを潰しにかかるが、娘のセックスの嘘をうっかり漏らして、険悪な母娘関係は極端へと進む。

モーリーンは食用油を沸騰させ、ラジオの音量を上げて、母の萎びた手に注ぐ。痛みと恐怖で泣き叫ぶマグは、ペイトーの手紙のことを白状する。

ペイトー渡米の見送りに間に合い、すぐ合流すると語るモーリーンのモノローグで、ハッピーエンディングかと思いきや、それは妄想にすぎないことがわかる。

揺り椅子が動きを止めている。マグがゆっくり腰から前のめりになっていき、ついにぐらついて、どさりと床に落ちる。死んでいて、頭の横の皮膚から赤い頭蓋の固まりがぶら下がる。モーリーンは少しうんざりして母を見おろし、靴の先で脇を叩き、それから背中を踏みつけ、じっと考えこんで立つ。

狡猾な母に操られる欲求不満の娘のドメスティック・ヴァイオレンスのレベルを越えて、狂気のモーリーンによる蛮行である。しかし何度も検死をすりぬけて、ひとり残るモーリーンは、ペイトーの弟レイから、兄の渡米と婚約を知らされて、「婆さんそっくりだ」と言われる、モーリーンの狂気と孤独の幕になる。タブー破りのホラー、残酷なメロドラマ、無気味なグロテスクさでありながら、同時に、使い古されながら効果的な、陽気な笑いやドタバタ喜劇に満ちていて、観客は大笑いしたり、息をのんだり、じらされからかわれ通しである。

ペイトーが流し台に屈み、顔をそむける。

ペイトー　なんだい、これは。下水管か。

モーリーン　下水管なんかでない。全然ちがう。あの人が毎朝便器のおしっこを流すのよ。便所を使うようにどれだけ言ってもダメ。

マグ　わたしの手の火傷のことを話してるんで、おしっこのことじゃない。

モーリーン　しかもすすぎもしない。これって衛生的？　それに尿毒症もちだよ。もっと不衛生でしょ？　わたしここでジャガイモを洗うの。さあお茶よ、ペイトー。（ペイトー受け取り、吐き気で

啜る）

母の前で「あんたのアレをまた入れて」とペイトーに頼む娘の露骨で淫らな笑いと、母が盗み読みしたペイトーの手紙によって、娘がセックスはできなかったとわかる逆転。

メロドラマ常套の小道具である手紙を、モーリーンに直接渡すように厳命されたレイから、マグが横取りをたくらむファース。

ホラーと笑い、暴力とドタバタなど、相反する要素を噛み合わせ、「極端な激しさに鈍い反応、些細な出来事に過剰な反応」（M・トロッター）の手法を作者が説明する。

俺が喜劇と残酷の間の線を歩くのは、一方が他方を明らかにするからだと思う。そしてことを極端に押し進める傾向があるのは、リアリティより誇張の方が、より明確にものごとが見えるからだと思う。

だからマクドナーの劇は、人間の内面の考察や社会の現実の批判より、素朴な人物造形と極端な戯画化による、芝居巧者の作で、陰影や複雑さとは無縁な、皮肉な笑いをふりまく。「子供っぽい大人」（V・メリマン）による「グロテスクなエンタテインメント」（O・ピルニー）である。

近代化に取り残された印象の村と村民であるが、時々今日の現実にふれ、何よりも母娘関係で、伝統的な家庭神話に挑んでいる。

名前も定かでない教区司祭を笑いものにし、聖職者の好色に言及するのは、近年のカトリック教会のスキャンダルと権威失墜と関連し、ゲール語地区の老婆マグでさえ、アイルランド語放送を避けて、独立後の言語政策の失敗を皮肉る。

しかし、時事的風刺や国民性の摘発より、むしろ現実離れした、型にはまった世界を誇張して、エロティシズムと殺人、抱腹絶倒と息をのむ衝動など、不調和な気分と面くらわせる台詞によるブラックコメディである。

『リーナーン一の美女』は、アイルランド演劇の悲喜劇を受け継ぎながら、悲劇と喜劇それぞれを極端に導き、「アブサードな喜劇と残酷なメロドラマを鮮かに独創的に合成する」（F・オトゥール）佳作である。

フリール『翻訳』

憲法でアイルランド語を第一公用語と規定し、教室で教え、さらにナショナル・アイデンティティはもはやアイルランド語にしかないと極言されても、アイルランド語の現状は厳しく、後退の一途をたどる。

言語の役割を重視し、アイルランドの言語事情を問題にするフリールは、『翻訳』（一九八〇、フィールド・デイ劇団）で、ゲール文化とアイルランド語の「重大局面」を扱う。

時代は一八三三年、場面はドニゴール州バリベーグ村。イギリスによる併合から三〇余年、両国の政治的文化的関係を、小さな集落、貧しい村人のミクロの世界に凝縮する歴史劇である。

アイルランド語地域のバリベーグ村の教育は、非合法のヘッジスクールで行うしかない。ヘッジスクールは、カトリックの教育を制約する刑罰法を逃れるために、野外の土手や生垣の陰に隠れて教えた変則学校のことで、カトリック解放令後のこの時代には、納屋や家畜小屋なども利用されるようになる。

ナショナリズムを恐れて、一体化を進める植民地政策による英語化で、アイルランド語とゲール文化の伝統が崩れる転換点である。

ヘッジスクールと私宅を兼ねる舞台で、父親ヒュー、手伝う長男メイナス、そして数年ぶりに帰郷の次男オーエンの、オドンネル一家の体験に、言語問題とヘッジスクールの衰亡を重ねる。

生徒の少ないヘッジスクールの動きを活写する開幕は、自分の名前の発声に苦悶する言語障害の村娘セアラと、ギリシア語ラテン語に堪能な無垢の老人ジミーの、言葉をめぐる両極端の姿で始まり、言語が主題であることを示唆する。

メイナスが恋する生徒モーリャは、開設が迫るナショナルスクールの定職を得ようとしないメイナスに業を煮やし、アメリカ移民を目指して英語を学ぼうとする。

国民と文化のアイデンティティと密接に関わる言語の収奪は、植民地政策の基本であり、アイルランド語を禁じて、英語で教育するナショナルスクール開設の動きは、イギリスによる統治の一環である。『翻訳』の際立つ特徴は、支配と収奪の結果、アイルランド語の衰滅が予想されかねない今日の時点で、その歴史的転換点を扱うのに、村人が日常話すアイルランド語も英語で表すという、皮肉でパラドクシカルなドラマは英語で一貫しながら、村人は実はアイルランド語で話しているという、意表を突くトリックが、開幕後しばらくしてわかり、時々それに気づくように仕向けられる。それによって「相反する二つのことを同時にする。つまり理解不可能と文化的寄りつきがたさを表現する一方で、明晰で微妙で巧妙な伝達を達成し」（N・グリン）、異文化コミュニケーションの成立と断絶のアイロニーを示す、独創的作品になる。「劇的思いつき」を除けば、二つの三角関係が進行し、クライマックスに達するメロドラマであるが、観客の「翻訳ゲーム」（R・ウェルチ）をいっそう複雑にするのは、イギリス陸軍工兵隊が進める土地測量である。アイルランド最初の土地測量地図の作成と、地名を「近似の英語の発音に変えるか、英語の言葉に翻訳するかで、英語化する」ことは、軍事的政治的重要性だけでなく、アイルランド社会を根底から揺さぶる「ある種の強制立退き」で、「翻訳」を伴う地図作成が、征服と植民の両国関係の「完璧なメタファー」になる。測量要員として、イギリス陸軍のランシー大尉とヨランド中尉が登場する。頑迷な軍事専門家と、感じやすいロマンチシストの、硬軟両様の対応は、村人との双方の誤解で増幅され、村の事態を一変させる悲劇に進展する。

アイルランドとイギリス、伝統と近代化、アイルランド語と英語の衝突を、オドンネル一家が具現する。二つの言語と文化を併せもち、通訳として測量班についてくるオーエンは、村の実情に疎い鈍感さと、軍の真意を隠す意図的翻訳で、双方の結びつきと衝突をもたらす、歴史的「転換」の重要な役を果たす。土地測量が「血なまぐさい軍事作戦」につながると悟るメイナスには、オーエンのいい加減な態度や背信的誤訳は裏切り行為で、むしろ生徒のドネリー双子の実力行使の抵抗に近づく。

周囲の事態に一見無頓着で、生徒が減る状況に無力なヒューは、ナショナルスクールの職を得ようとさえする、独りよがりの酔っぱらいであるが、英語化のプロセスとイギリス文化の浸透への適応を説く、複雑な人物でもある。その矛盾に対するアイロニーにもかかわらず、「これら新しい地名を身につけなければ」と、変化を認めるヒューには、作者の意図が託されている。


言葉は不滅ではない。だから文明が言語の輪郭に閉じこめられ、その輪郭がもはや……現実の状況に合わないことがありうる。


アウトサイダーのロマンチシズムで「天国のような」社会を見いだし、言葉の通じないモーリャと異族恋愛に陥り、地図作成と地名翻訳の得失をわきまえるヨランドが、おそらくドネリー双子ら抵抗勢力のせいで行方不明になる。

そのため態度を硬化し、速やかな報復措置で脅すランシーによって、半ば喜劇的に進んできた「言語劇」（R・カーニー）が、深刻な緊張と対立の政治軍事の悲劇に急転する。じゃがいも虫害と移民の暗い影もあって、バリベーグ村ひいてはアイルランドは激変を迎えることになる。

ヨランドの生死が不明なまま、失恋が重なるメイナスも、通訳としての裏切りを悟るオーエンも村から姿を消し、ヒューが軍事強国ローマによるカルタゴ征服になぞらえる、すべてが破綻のあいまいな終幕になり、バリベーグ村の運命は未解決のまま、観客に委ねられる。
「名づけ―慣らしのプロセス」による「ヘッジスクール／陸地測量の劇」『翻訳』は、アイルランドのアイデンティティと関わる転機を、歴史的パースペクティヴで捉える大作であり、数世紀以上続く両国関係を踏まえて、現代アイルランドに直結する問題劇である。

　しかし初演当初から、現代の古典、国民演劇として高い評価を得る一方で、『翻訳』は酷しい批判も受ける。主として史実にもとる誤りやアナクロニズムの指摘と、ナショナリスティックなあるいはカトリック的な偏見に基づくという見方である。

　創作途上で作者が危惧して、「この劇は言語と、言葉だけと関連しなければならない」と意図しても、政治的軍事的側面が加わるのは必然であり、アイルランド共和国の言語政策や北アイルランド紛争の「あと知恵」（N・ジョーンズ）も不可避である。

　言語を主題とし手段ともする『翻訳』は、「テーマのほとんど全く公的な関心、つまりアイルランド語の根絶と英語の代用がこの社会にどう影響するか、その言語をなくして社会はどのくらい存続できるか」という問題を、「個々人の魂の暗い私的な部分の探究」で捉えようとする。

　社会と文化が侵食される時代の転換点で、民族のアイデンティティに関わる、言語と文化の役割を問う『翻訳』の原題は、複数形の『トランスレーションズ』で、翻訳も転換も置換も意味する、重要なフリール劇である。

シング『聖者の泉』

「大げさな言葉を簡単にうれしがる」――シング作『鋳掛屋の婚礼』の鋳掛屋が女房をからかうこの台詞は、シング喜劇の主人公たちに大なり小なり当てはまる。「大げさな言葉」で拡大する自我が、現実と接する時、自己認識の契機になると同時に、そこにシングの喜劇精神が働いて、シング喜劇は言葉と実体、想像と現実の関係についてのドラマになる。

主人公が言葉に頼るしかない盲人の場合はなおさらそうで、霊水による盲人の開眼の奇跡を趣向とする『聖者の泉』（一九〇五、アベイ劇場）は、骨組は中世フランス劇に題材を得た笑劇か寓話であるが、精妙な台詞と微細なト書による心理とアイロニーで、シング喜劇の真価を発揮する傑作である。

第一幕、「アイルランド東部のある人里離れた山地」の十字路で物乞いするマーティンとメアリーは、村人や通行人から食物や金銭の施しを受け、また恰好の慰みとして受け入れられて、居心地のよい生活を送っている。

村人にも観客にも「日に焼けて醜い盲目の」乞食夫婦であるが、村人に「東部七州で一番の美男美女」とからかわれ、心眼に映る自画像を「たいへんな喜びと誇り」で描き続ける。

容姿をめぐっては、村人から「黄色の髪と白い肌と大きな目」をほめられるメアリーが主導的であるが、「よい耳」をもつマーティンは、女房の「妙なしゃがれ声」から、自慢する美貌に疑いをはさみ、関心の的の村娘モリーの「甘いきれいな声」と比較すると、疑いと不安に駆られて、「一時間でも一分だけでも」自分たちの実際の姿を肉眼で確かめたいと願う。

こうして冒頭は、盲目の乞食夫婦が村人にかつがれて、似つかぬ自画像を頭に描いていることを示す笑劇であり、素朴な滑稽さを出るものではない。

駆けつける鍛冶屋ティミーの予告を受けて、聖者が登場する。鈴と聖水を手にして、清貧と威厳の姿で神の恩寵を説く聖者は、あとでアイロニーを帯びていくとはいえ、外見と実体が一致する「立派な聖人」である。

心眼に映じる姿を確認できると待ち受ける「聖者の泉」の奇跡が、村人の嘲笑と皮肉のまっただ中で実現する。二人は自他ともに許してきた絵姿に全く反する「哀れな姿」に、互いの正体を見つめたまま、ぽかんと立ちすくみ、我にかえると、まるで相手にだまされていたかのように、互いの醜さを罵倒し、殴り合おうとする。

乞食の風采と絵姿のコントラストが、最も残酷な形で浮彫りにされ、幸福の絶頂になるはずが不幸のどん底になる。「悪魔」の仕業と罵るメアリーと、「神様」のお蔭と反論するマーティンの口論に、村人たちは圧倒される。

第二幕、マーティンの癒された目は、「盲人が見える時」の威力を発揮し、自他の容姿の醜さを苦々しく発見するにとどまらず、視界に入ってくる現実の実相を鋭く捉える。

季節は冬に移り、鍛冶場の手伝いは乞食より苦しく、村人は赤鼻と涙目の「みすぼらしい恰好の者」が多い。聴覚の世界での予期に反することばかりで、マーティンは失望と幻滅を深めていく。

唯一の例外は、盲目のヴィジョンの具現と映るモリーで、二人のラヴシーンが第二幕のクライマックスをなす。「すてきな色白の美人」と二人きりになる感情の昂まりと官能の刺激、それを反映する想像力の躍動と言葉の奔流で、マーティンはモリーを恋の逃避行に口説き、モリーは「半ば催眠術にかかる」。「食べ物と寝る所と金」が価値観の中心をなすモリーやティミーには、マーティンの求愛は愚かさや悪意にしか取れない。釣り合わない滑稽な求愛で、シングは目が見えるマーティンのおかしさも強調していく。メアリーの目の前という最も屈辱的な形でモリーに撥ねつけられるマーティンは、メアリーにも見放され、ティミーに追放される。

「女の卑劣さと男の馬鹿力」に直面するどん底で、マーティンは盲目に戻る。開眼の日が「わしの人生のすばらしい日」から「いまわしい悪日」に急変し、激しい呪詛で幕になる。

見える世界に絶望する乞食夫婦は、第三幕で再び盲目である。『聖者の泉』は盲目―開眼―盲目を経めぐる乞食のドラマであり、第一幕で笑劇的に、第二幕でリアリスティックに終らせることも可能であろうが、第三幕で悲喜劇として完結する。

盲目に戻っても、「しばらくで十分に見た」二人であるから、簡単に元の状態にかえる自己欺瞞にはならないはずである。

以前と変わらない無邪気さで、「白髪の美人」としての老後を思い描く「利口な女」メアリーに感嘆するマーティンは、現実への絶望と取り残される不安から、心眼に浮かぶ「美しい、長い、白い、絹糸みたいな、流れる鬚《ひげ》」の姿を新たな光明とする。村人の「嘘」にたぶらかされるのではなく、現実の醜さと屈辱に堪えられずに、美しい老いの幻影に逃れる。

季節は春に移り、見える間は見失っていた自然が復活し、心の内なる現実で幸せになり、自信を取り戻す。まさにその時、聖者の再登場で、奇跡による再度の、しかも今度は盲目に戻らない開眼に直面する。

しかし、美しい老いに奇跡は不要ないし障害と考えるマーティンは、聖水を決然と振り払って、開眼を拒み、盲目の権利を堂々と主張し、心の楽園、想像の南方への逃避行に活路を求める。

この幕切れから、現実に対する詩人の想像力の勝利を見たり、現実を拒む絶望の深さに、シングの悲劇的人生観を読み取ったりする解釈があるが、眼前の「醜い」乞食の姿と、美しい老いのファンタジーの対置に、アイロニーを見落とすわけにはいかない。

マーティンが話す南の町は、現実逃避の理想郷の感じが強く、ティミーは二人の行く手に氾濫する川が待ち受けていることを指摘し、「二人の魂に神のお慈悲を」という聖者の祈りで、二人の道行は死出の旅となる。

観客は、聖者と村人の一種の盲目性に気づき、乞食夫婦の生き生きしたファンタジーの真実性にひかれながらも、最後まで「利口な」二人の現実との落差、老いて汚い乞食の現実離れのおかしさにも気づく。哀れにも滑稽な、無邪気で真剣な姿に対する、皮肉と風刺の視点をもたざるをえない。

シングが草稿を重ね、細部にわたって手を加え、上演と出版のあとにも加筆したことは、『聖者の泉』の微妙さを示唆する。

テーマやストーリー、登場人物や舞台装置より、表現の改変で、言葉の微妙な追加や訂正が、言葉に頼る盲人の世界を扱う作品の本質と関わるため、完成度は一見些細な加筆に負うところが大きい。特にマーティンの心眼と肉眼の威力と、ドラマのアイロニーを加えることに、作者の苦心が払われる。

シングには時に過剰な表現、「大げさな言葉」が見られることは否定できないが、「よい芝居では、どの台詞も木の実やりんごのように十分に風味がなければならない」とする、言葉の喜びがシング劇の喜びであり、アイルランド演劇の喜びの特徴である。

基礎文献

Beckett, Samuel

The Complete Dramatic Works（Faber and Faber, 1986）
Esslin, Martin, *The Theatre of the Absurd*（Penguin Books, 1991）
Fletcher, Beryl S. & John, *A Student's Guide to the Plays of Samuel Beckett*（Faber and Faber, 1985）
Kenner, Hugh, *A Reader's Guide to Samuel Beckett*（Thames and Hudson, 1973）
Lyons, Charles R., *Samuel Beckett*（Macmillan Press, 1983）
安堂信也・高橋康成訳、『ベスト・オブ・ベケット』一―三（白水社、一九九〇―九七）

Behan, Brendan

The Complete Plays（Methuen Drama, 1990）
Boyle, Ted E., *Brendan Behan*（Twayne Publishers, 1969）
Kearney, Colbert, *The Writings of Brendan Behan*（Gill and Macmillan, 1977）
Porter, Raymond J., *Brendan Behan*（Columbia University Press, 1973）

Carr, Marina

Plays 1-2（Faber and Faber, 1999-2009）

Friel, Brian

Plays 1-2（Faber and Faber, 1996-1999）

Essays, Diaries, Interviews 1964-1999（Faber and Faber, 1999）
Brian Friel in Conversation（University of Michigan Press, 2000）
Andrews, Elmer, *The Art of Brian Friel*（Macmillan, 1995）
Dantanus, Ulf, *Brian Friel: A Study*（Faber and Faber, 1988）
Jones, Nesta, *Brian Friel*（Faber and Faber, 2000）
Maxwell, D. E. S., *Brian Friel*（Bucknell University Press, 1973）
O'Brien, George, *Brian Friel*（Twayne Publishers, 1990）
清水重夫・的場淳子・三神弘子訳、『ブライアン・フリール』（新水社、一九九四）
現代演劇研究会編、『現代演劇 No.14　特集ブライアン・フリール』（英潮社、二〇〇一）

Gregory, Lady

Our Irish Theatre（Colin Smythe, 1972）
Selected Plays（Colin Smythe / The Catholic University of America Press, 1983）
Saddlemyer, Ann, *In Defence of Lady Gregory, Playwright*（Dolmen Press, 1966）
前波清一著、『劇作家グレゴリー夫人』（あぽろん社、一九八八）

Johnston, Denis

The Dramatic Works 1-2（Colin Smythe, 1977-9）
In Search of Swift（Hodges Figgis, 1959）
Barnett, Gene A., *Denis Johnston*（Twayne Publishers, 1978）
Ferrar, Harold, *Denis Johnston's Irish Theatre*（Dolmen Press, 1973）

Kilroy, Thomas

Double Cross（Gallery Press, 1994）

Talbot's Box（Gallery Press, 1979）

清水重夫・的場淳子・三神弘子訳、『トマス・キルロイ』（新水社、一九九六）

McGuinness, Frank

Plays 1-2（Faber and Faber, 1996-2002）

Jordan, Eamonn, *The Feast of Famine*（Peter Lang, 1997）

Lojek, Helen Heusner, *Contexts for Frank McGuinness's Drama*（Catholic University of America Press, 2004）

Mikami, Hiroko, *Frank McGuinness and His Theatre of Paradox*（Colin Smythe, 2002）

清水重夫・的場淳子・三神弘子訳、『フランク・マクギネス』（新水社、二〇〇一）

Murphy, Tom

Plays 1-5（Methuen Drama, 1992-2006）

O'Toole, Fintan, *Tom Murphy: The Politics of Magic*（New Island Books, 1994）

清水重夫・的場淳子・三神弘子訳、『トマス・マーフィー』Ⅰ、Ⅱ（新水社、一九九二―七）

McDonagh, Martin

Plays 1（Methuen Drama, 1999）

Murray, T. C.

Selected Plays（Colin Smythe, 1998）

DeGiacomo, Albert J., *T. C. Murray, Dramatist*（Syracuse University Press, 2003）

O'Casey, Sean

Collected Plays 1-4（Macmillan / St. Martin's Press, 1967-8）
Ayling, Ronald, *Continuity and Innovation in Sean O'Casey's Drama*（Universität Salzburg, 1976）
Kosok, Heinz, *O'Casey, The Dramatist*（Colin Smythe / Barnes & Noble Books, 1985）
Krause, David, *Sean O'Casey: The Man and His Work*（Macmillan Publishing, 1975）

Parker, Stewart

Plays 1-2（Methuen Drama, 2000）

Reid, Christina

Plays 1（Methuen Drama, 1997）

Robinson, Lennox

Selected Plays（Colin Smythe, 1982）
O'Neill, Michael J., *Lennox Robinson*（Twayne Publishers, 1964）

Synge, J. M.

Collected Works Ⅲ *Plays* Ⅰ（Oxford University Press, 1968）
Collected Works Ⅳ *Plays* Ⅱ（Oxford University Press, 1968）
Gerstenberger, Donna, *John Millington Synge*（Twayne Publishers, 1964）

Grene, Nicholas, *Synge: A Critical Study of the Plays*（Macmillan Press, 1975）
Price, Alan, *Synge and Anglo-Irish Drama*（Methuen, 1961）
Skelton, Robin, *The Writings of J. M. Synge*（Thames and Hudson, 1971）
松村みね子訳『シング戯曲全集』（沖積舎、二〇〇〇）
久保田重芳著、『J・M・シングの世界』（人文書院、一九九三）
前波清一著、『シングのドラマトゥルギー』（弓書房、一九八一）
若松美智子著、『劇作家シングのアイルランド』（彩流社、二〇〇三）

Yeats, W. B.

The Collected Plays（Macmillan, 1952）
Bradley, Anthony, *William Butler Yeats*（Frederick Ungar, 1979）
Knowland, A. S., *W. B. Yeats, Dramatist of Vision*（Colin Smythe / Barnes & Noble Books, 1983）
Moore, John Ress, *Masks of Love and Death*（Cornell University Press, 1971）
Sekine, Masaru & Christopher Murray, *Yeats and the Noh: A Comparative Study*（Colin Smythe, 1990）
Taylor, Richard, *A Reader's Guide to the Plays of W. B. Yeats*（Macmillan / Gill and Macmillan, 1984）
佐野哲郎・風呂本武敏・平田康・田中雅男・松田誠思訳、『イェイツ戯曲集』（山口書店、一九八〇）
前波清一著、『イェイツとアイルランド演劇』（風間書房、一九九七）

アイルランド演劇・その他

Cleary, Joe and Claire Connolly eds.,*The Cambridge Companion to Modern Irish Culture*（Cambridge University Press, 2005）
Grene, Nicholas, *The Politics of Irish Drama*（Cambridge University Press, 1999）
Hogan, Robert, *After the Irish Renaissance*（University of Minnesota Press, 1967）
Llewellyn-Jones, Margaret, *Contemporary Irish Drama and Cultural Identity*（Intellect, 2002）

Maxwell, D. E. S., *A Critical History of Modern Irish Drama 1891-1980*（Cambridge University Press, 1984）
Murray, Christopher, *Twentieth-Century Irish Drama*（Manchester University Press, 1997）
Richards, Shaun ed., *The Cambridge Companion to Twentieth -Century Irish Drama*（Cambridge University Press, 2004）
Roche, Anthony, *Contemporary Irish Drama*（Gill & Macmillan, 1994）
Rollins, Ronald Gene, *Divided Ireland*（University Press of America, 1985）
Trotter, Mary, *Modern Irish Theatre*（Polity Press, 2008）
Watt, Stephen et al eds., *A Century of Irish Drama*（Indiana University Press, 2000）
Welch, Robert, *The Abbey Theatre 1899-1999*（Oxford University Press, 1999）
風呂本武敏編、『アイルランド・ケルト文化を学ぶ人のために』（世界思想社、二〇〇九）
前波清一著、『アイルランド演劇―現代と世界と日本と』（大学教育出版、二〇〇四）
――、『アイルランド戯曲―リアリズムをめぐって』（大学教育出版、二〇一〇）
杉山寿美子著、『アベイ・シアター 1904-2004』（研究社、二〇〇四）

あとがき

現代アイルランド演劇を解説し、併せてアイルランドを紹介する意図が、どこまで達成されているかは、読者のご判断に委ねるしかない。

扱った作家は一七人、作品は三〇篇である。アベイ劇場だけでも、数えきれない上演数だから、ごく一部にすぎないが、主要な作家と作品は落としていないつもりである。

演劇の鑑賞は舞台を通してであることは言うまでもない。グローバルな時代でも、国外のわれわれに鑑賞する機会は少ない。

その不利を補うのは、「アイルランド演劇は劇作家の演劇」と称されるほど、戯曲に真価があることで、本書はほとんど戯曲を対象にしている。

それは裏返せば、原作を読む必要にもなる。本書のわずかな引用は拙訳により、言葉の「喜び」を削ぐこと甚だしいが、「基礎文献」に基本的な戯曲集と基礎的な研究書を挙げておいた。

本書は、著者のこれまでの研究に基づき、既刊の拙著を少なからず活用している。各出版社に改めてお礼を申し上げ、読者には次のステップで参照していただければありがたい。

入門書として、細かな注記は省いた。初演の年と劇場は、原則としてアイルランドのそれである。索引は目次で代用する。

今般、本書の企画を取り上げていただいた彩流社の竹内淳夫社長と、編集を担当された林田こずえさんに、感謝の意を表したい。

最後に、若い世代の明るい未来を願いながら、本書を昂輝、征輝、そして楽志に贈る。

二〇一六年八月

前波清一

【著者】
前波 清一
（まえば・せいいち）

1937年、福井県生まれ
大阪大学大学院文学研究科博士課程単位取得満期退学
大阪教育大学教授を経て名誉教授
英文学専攻、特にアイルランド演劇研究
著書『シングのドラマトゥルギー』（弓書房）、『劇作家グレゴリー夫人』（あぽろん社）、
『イェイツとアイルランド演劇』（風間書房）、
『アイルランド演劇─現代と世界と日本と』（大学教育出版）、
『アイルランド戯曲─リアリズムをめぐって』（大学教育出版）

Sairyusha

現代《げんだい》アイルランド演劇入門《えんげきにゅうもん》
「現実《げんじつ》と喜《よろこ》び」のドラマ

二〇一六年九月一六日　初版第一刷

著者──前波清一
発行者──竹内淳夫
発行所──株式会社 彩流社
〒102─0071
東京都千代田区富士見2─2─2
電話：03─3234─5931
ファックス：03─3234─5932
Email：sairyusa@sairyusha.co.jp
印刷──モリモト印刷（株）
製本──（株）難波製本
装丁──遠藤陽一（デザインワークショップジン）

ISBN978-4-7791-2254-5 C0074
http://www.sairyusha.co.jp